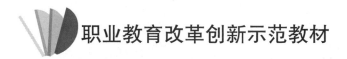

职业教育改革创新示范教材

Qiche Dianqi Lishi Yitihua Jiaocai
汽车电器理实一体化教材

（中级工·第二版）

窦 宏　陈 浩 主 编

耿 彪　朱永亮　李小旗 副主编

朱 军 主 审

人民交通出版社股份有限公司
China Communications Press Co.,Ltd.

内 容 提 要

本书是职业教育改革创新示范教材,主要内容包括:蓄电池的构造与维护、发电机的构造与维护、起动机的构造与维护、灯光的构造与维护、喇叭的构造与维护、风窗刮水器的构造与维护、开关的检查与更换、汽车空调系统的构造与维护,共8个项目。

本书为中等职业院校及技工学校汽车运用与维修专业的教材。

图书在版编目(CIP)数据

汽车电器理实一体化教材:中级工/窦宏,陈浩主编.—2版.—北京:人民交通出版社股份有限公司,2018.1

职业教育改革创新示范教材
ISBN 978-7-114-14393-9

Ⅰ.①汽… Ⅱ.①窦… ②陈… Ⅲ.①汽车—电气设备—职业教育—教材 Ⅳ.①U463.6

中国版本图书馆CIP数据核字(2017)第304807号

职业教育改革创新示范教材
书　　名:汽车电器理实一体化教材(中级工·第二版)
著 作 者:窦　宏　陈　浩
责任编辑:戴慧莉
出版发行:人民交通出版社股份有限公司
地　　址:(100011)北京市朝阳区安定门外外馆斜街3号
网　　址:http://www.ccpress.com.cn
销售电话:(010)59757973
总 经 销:人民交通出版社股份有限公司发行部
经　　销:各地新华书店
印　　刷:北京市密东印刷有限公司
开　　本:787×1092　1/16
印　　张:10.75
字　　数:240千
版　　次:2011年8月　第1版
　　　　　2018年1月　第2版
印　　次:2018年1月　第2版　第1次印刷　总第5次印刷
书　　号:ISBN 978-7-114-14393-9
定　　价:26.00元

(有印刷、装订质量问题的图书由本公司负责调换)

第二版前言

随着经济社会和汽车技术的飞速发展，肩负为社会和用人单位培养高技能人才的职业院校应不断深化教学改革，创新教学模式，努力提高教学质量。而理顺课程体系、抓好教材建设，是提高教学质量的一项重要工作。作为一所主要培养汽车运用与维修领域高技能人才的汽车学校，有责任和义务在教材建设方面发挥重要作用。为此，我校组织相关老师，根据国家劳动和社会保障部颁发的《汽车修理工国家职业标准》《职业技能鉴定规范》及全国高级技工学校汽车类专业"教学计划与大纲"的要求，按汽车修理工（中级工、高级工、技师）的培养目标要求组织编写了本套教材。

本教材出版后，教材在教学理论、教学内容及教学组织形式上，具有较强的改革创新特点，受到了广大读者的欢迎和关注。第一版出版后，编写组在教学中不断总结经验和听取全国各地职业院校对本教材的宝贵意见，决定对本教材进行修订。

本套教材为项目课程教材，融入了我校近年来尝试的项目式教学改革的经验和成果，并进一步结合当前汽车维修企业的生产实际而编写的，具有较强的针对性。本套教材的主要特点是：

（1）本教材的所有实训项目，都是根据汽车维修一线的实践选择出来的最常见、最实用的汽车维修项目，并结合了学校现有的实训设备。因此，不同于以往实训教材那样按照汽车的各个系统完整地罗列出所有的维修项目。这样的选择主要是为了体现出汽车维修项目的实用性，希望学生在实训中学到汽车维修实践中最常见的维修项目，使学生在学校里学到的实际技能与汽车维修企业中遇到的维修项目实现零距离接轨。

（2）本教材在编写上注重理论与实践的结合，在每个项目中，都加入了相关理论知识的讲解，并根据汽车修理工（中级工、高级工、技师）的培养目标进行了删减。实训项目采用大量照片和附加文字的方式进行操作步骤的表述，这样的编写形式是为了正确规范地传授实训课程中的技能要点。

（3）本教材选用的车型为一汽丰田卡罗拉汽车，专业适应性强，适用面广。

（4）本教材总学时为144学时，其中，项目一：蓄电池的构造与维护为12学时，项目二：发电机的构造与维护为18学时，项目三：起动机的构造与维护为18学时，项目四：灯光的构造与维护为24学时，项目五：喇叭的构造与维护为12学时，项目六：风窗刮水器的构造与维护为18学时，项目七：开关的检查与更换为18学时，项目八：汽车空调系统的构造与维护为24学时。

（5）与第一版相比，本教材第二版重新编写了项目八汽车空调系统的构造与维修的内容，对其他项目内容进行了补充和完善，并对教材中出现的错误进行了修改。

本教材由无锡汽车工程学校窦宏、陈浩担任主编，耿彪、朱永亮、李小旗担任副主编；由朱军担任主审。

由于编者水平有限，教材中难免有不妥之处，恳请广大读者批评指正。

编 者

2017年9月

目　录

项目一　蓄电池的构造与维护 ⋯⋯⋯⋯⋯⋯⋯⋯⋯⋯⋯⋯⋯⋯⋯⋯⋯⋯⋯⋯⋯⋯ 1

　　任务 1　蓄电池的结构认知 ⋯⋯⋯⋯⋯⋯⋯⋯⋯⋯⋯⋯⋯⋯⋯⋯⋯ 3
　　任务 2　蓄电池的更换与检查 ⋯⋯⋯⋯⋯⋯⋯⋯⋯⋯⋯⋯⋯⋯⋯⋯ 6
　　任务 3　蓄电池的充电 ⋯⋯⋯⋯⋯⋯⋯⋯⋯⋯⋯⋯⋯⋯⋯⋯⋯⋯⋯ 12

项目二　发电机的构造与维护 ⋯⋯⋯⋯⋯⋯⋯⋯⋯⋯⋯⋯⋯⋯⋯⋯⋯⋯⋯⋯⋯⋯ 15

　　任务 1　发电机的结构认知 ⋯⋯⋯⋯⋯⋯⋯⋯⋯⋯⋯⋯⋯⋯⋯⋯⋯ 17
　　任务 2　电源系统线路连接 ⋯⋯⋯⋯⋯⋯⋯⋯⋯⋯⋯⋯⋯⋯⋯⋯⋯ 23

项目三　起动机的构造与维护 ⋯⋯⋯⋯⋯⋯⋯⋯⋯⋯⋯⋯⋯⋯⋯⋯⋯⋯⋯⋯⋯⋯ 29

　　任务 1　起动机的结构认知 ⋯⋯⋯⋯⋯⋯⋯⋯⋯⋯⋯⋯⋯⋯⋯⋯⋯ 31
　　任务 2　起动系统线路连接 ⋯⋯⋯⋯⋯⋯⋯⋯⋯⋯⋯⋯⋯⋯⋯⋯⋯ 38

项目四　灯光的构造与维护 ⋯⋯⋯⋯⋯⋯⋯⋯⋯⋯⋯⋯⋯⋯⋯⋯⋯⋯⋯⋯⋯⋯⋯ 41

　　任务 1　灯光的结构认知 ⋯⋯⋯⋯⋯⋯⋯⋯⋯⋯⋯⋯⋯⋯⋯⋯⋯⋯ 43
　　任务 2　灯泡的检查与更换 ⋯⋯⋯⋯⋯⋯⋯⋯⋯⋯⋯⋯⋯⋯⋯⋯⋯ 46
　　任务 3　灯光线路连接 ⋯⋯⋯⋯⋯⋯⋯⋯⋯⋯⋯⋯⋯⋯⋯⋯⋯⋯⋯ 62

项目五　喇叭的构造与维护 ⋯⋯⋯⋯⋯⋯⋯⋯⋯⋯⋯⋯⋯⋯⋯⋯⋯⋯⋯⋯⋯⋯⋯ 87

　　任务 1　喇叭的结构认知 ⋯⋯⋯⋯⋯⋯⋯⋯⋯⋯⋯⋯⋯⋯⋯⋯⋯⋯ 89
　　任务 2　喇叭的检查与更换 ⋯⋯⋯⋯⋯⋯⋯⋯⋯⋯⋯⋯⋯⋯⋯⋯⋯ 91
　　任务 3　喇叭线路连接 ⋯⋯⋯⋯⋯⋯⋯⋯⋯⋯⋯⋯⋯⋯⋯⋯⋯⋯⋯ 95

项目六　风窗刮水器的构造与维护 ⋯⋯⋯⋯⋯⋯⋯⋯⋯⋯⋯⋯⋯⋯⋯⋯⋯⋯⋯⋯ 101

　　任务 1　风窗刮水器的结构认知 ⋯⋯⋯⋯⋯⋯⋯⋯⋯⋯⋯⋯⋯⋯⋯ 103

| | | 任务 2 | 风窗刮水器电动机的检查与更换 ………………………… | 105 |
| | | 任务 3 | 风窗刮水器线路连接 …………………………………………… | 113 |

项目七 | 开关的检查与更换 ……………………………………………… 121

		任务 1	点火开关的检查与更换 …………………………………………	123
		任务 2	转向灯开关的检查与更换 ………………………………………	133
		任务 3	制动灯开关的检查与更换 ………………………………………	134

项目八 | 汽车空调系统的构造与维护 ………………………………… 137

		任务 1	汽车空调系统的结构认知 ………………………………………	140
		任务 2	汽车空调系统的检漏 ……………………………………………	146
		任务 3	汽车空调制冷剂的回收、加注 …………………………………	152

参考文献 ……………………………………………………………………… 165

项目一

蓄电池的构造与维护

知识点

1. 掌握蓄电池的功用和结构;
2. 掌握蓄电池的工作原理。

技能点

1. 能正确地检查、更换蓄电池;
2. 会给蓄电池充电。

参考学时及教学组织安排

本项目总学时为12学时,其中:理论教学为4学时,示范为2学时,学生练习为6学时。

理论教学采用多媒体辅助教学,并结合实物讲解,使学生掌握蓄电池的组成和工作原理。

实践教学采用项目教学法,根据实训设备的台套数,学生分组进行蓄电池的更换和充电的项目教学。老师讲解并示范操作步骤和注意事项,适时下达操作指令,并进行工位间巡视、检查、指导和纠正错误。

项目实施所需设备、器材

卡罗拉汽车

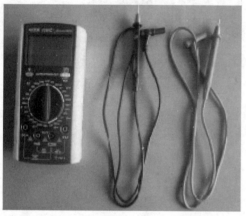

数字式万用表

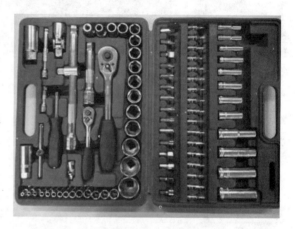

世达工具

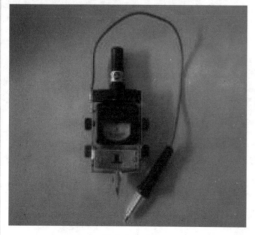

高率放电计

充电机

任务 1 蓄电池的结构认知

一、蓄电池的功用

（1）发动机起动时，向起动机和点火系统供电；

（2）当用电设备同时接入较多，发电机过载时，协助发电机供电；

（3）发电机电压高于蓄电池端电压时，将发电机多余的电能转化为化学能储存起来。

二、蓄电池的结构

蓄电池由外壳、正极板、负极板、隔板、电解液、桩头等组成，其结构如图1-1所示。

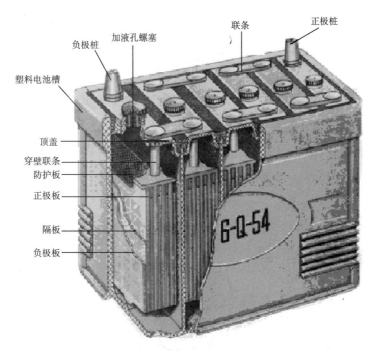

图1-1 蓄电池的结构示意图

1 外壳

外壳由电池槽和电池盖两部分组成，其功用是盛放电解液和极板组，主要采用耐酸、耐热、耐振、绝缘性能好且具有一定机械强度的材料制成。一个整体外壳内部分成3个或6个互不相通的单格，12V蓄电池有6个单格。

2 正极板与负极板

极板是蓄电池的核心部件，可分正极板和负极板。极板均由栅架和填充在其上的活性物质构成，如图1-2所示。正极板的活性物质是呈棕色的二氧化铅，负极板上的活性物质是呈青灰色的海绵状纯铅。

3 隔板

隔板在正、负极板间起绝缘作用，使蓄电池结构紧凑，内阻降低。隔板应具有多孔性，以便于电解液渗透，同时应具有一定的机械强度、化学稳定性、耐酸及抗氧化性等特点。

4 电解液

电解液是蓄电池内部发生化学反应的主要物质，由纯硫酸和蒸馏水按一定的比例配制而成，密度一般在$1.24\sim1.30 g/cm^3$。

一般使用电解液相对密度计检查电解液的相对密度，如图1-3所示。电解液高度必须在最高液面与最低液面之间，高度不足时应添加蒸馏水。

5 桩头

在蓄电池顶盖上有2个凸起的粗大接头，即为桩头，有圆形及扁形两种。

正极桩头较粗，有"+"记号；负极桩头较细，有"-"记号。在接线时，绝对不可以接错。

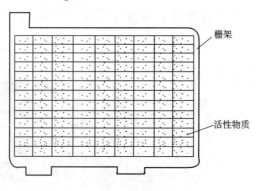

图1-2 极板的结构

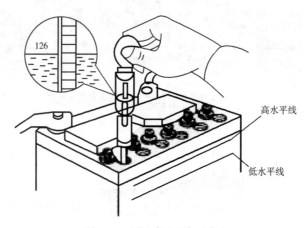

图1-3 测量电解液的相对密度

三 蓄电池的工作原理

蓄电池的工作过程就是化学能与电能相互转化的过程。

当蓄电池将化学能转化为电能而向外供电时，称为放电过程，如图1-4所示。在放电过程中，正极板上的二氧化铅和负极板上的铅都将转变成硫酸铅，电解液中的硫酸减少，相对密度下降。

当蓄电池与外界直流电源相连而将电能转化为化学能储存起来时，称为充电过程，如图1-5所示。在充电过程中，正、负极板上的硫酸铅都将转变成二氧化铅和铅，电解液中的硫酸增加，相对密度增大。

$$PbO_2 + 2H_2SO_4 + Pb \xrightleftharpoons[\text{充电}]{\text{放电}} 2PbSO_4 + 2H_2O$$

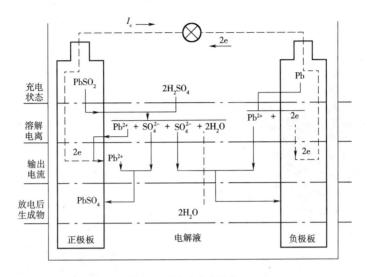

图1-4 蓄电池放电过程

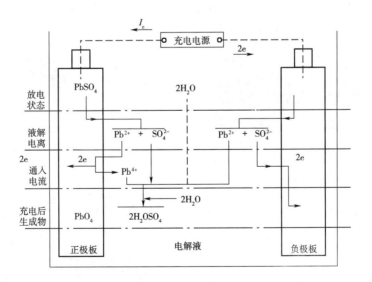

图1-5 蓄电池充电过程

任务 2　蓄电池的更换与检查

一、蓄电池的拆卸

（1）确认灯光、空调、音响等用电设备是否关闭，如图1-6、图1-7所示。

图1-6　确认灯光关闭

图1-7　确认空调、音响关闭

提示

对于一些高档车型，在断开蓄电池前，应提取音响防盗系统的密码，否则音响系统很容易被锁止。

（2）确认点火开关是否关闭，如图1-8所示。

提示

防止断开蓄电池产生的电动势损坏电器元件和控制模块。

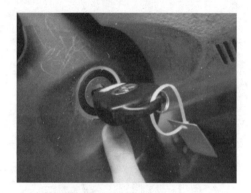

图1-8　确认点火开关关闭

（3）取下蓄电池防护罩，如图1-9所示。

图1-9　取下蓄电池防护罩

（4）用10mm套筒、棘轮扳手松开蓄电池负极桩头电缆夹的固定螺栓，如图1-10所示。

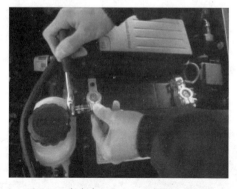

图1-10　拆卸负极桩头电缆夹的固定螺栓

提示

拆卸蓄电池时，应遵循"先负后正"的顺序。如果反过来先拆正极导线，极有可能发生短路，甚至蓄电池还有可能因此而发生爆炸。

（5）从负极桩头上取下负极电缆，并使之可靠地离开负极极桩，如图1-11所示。

图1-11　取下负极电缆

（6）用10mm套筒、棘轮扳手松开蓄电池正极桩头电缆夹的固定螺栓，如图1-12所示。

图1-12　拆卸正极桩头电缆夹的固定螺栓

（7）从正极桩头上取下正极电缆，并使之可靠地离开正极极桩，如图1-13所示。

图1-13　从正极上取下正极电缆

（8）取出蓄电池，如图1-14所示。

图1-14　取出蓄电池

二　蓄电池的检查

1. 外观检查

（1）检查壳体是否有破裂、漏液现象，如图1-15所示。

图1-15　检查壳体是否有破裂、漏液现象

提示

如壳体有破裂、漏液现象，应尽早更换蓄电池。

（2）检查蓄电池表面是否清洁，如不清洁，应清理干净，如图1-16所示。

图1-16　清洁蓄电池表面

> **提示**
>
> 蓄电池表面脏污，容易引起蓄电池外部自放电故障。因此，应保持蓄电池表面清洁无脏污。

（3）检查蓄电池正、负极桩头是否有污垢或氧化物，必要时用砂纸打磨，如图1-17、图1-18所示。

图1-19 将挡位置于直流电压20V挡位

图1-17 检查正、负极桩头是否有污垢或氧化物

图1-20 将红、黑表笔分别接到正、负极桩头

图1-18 清洁正、负极桩头

2 蓄电池性能检查

（1）用万用表检查蓄电池端电压。

①将万用表测量挡位置于直流电压20V挡位，如图1-19所示。

②将万用表红表笔接到蓄电池正极桩头上，将黑表笔接到蓄电池负极桩头上，如图1-20所示。

③从万用表上读取蓄电池端电压值，此时读数应不低于12V，如图1-21所示。

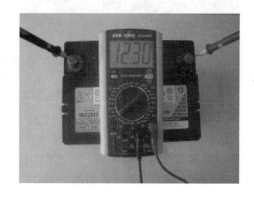

图1-21 测量蓄电池的电压

> **提示**
>
> 如果蓄电池端电压值低于12V，表明蓄电池已放电，需要进行充电。

（2）用高率放电计测量蓄电池的放电电压，判断蓄电池存电量状况。操作步骤如下：

①将高率放电计的正极测量头连接在蓄电池正极桩头上,如图1-22所示。

图1-22　将正极测量头连接在正极桩头上

蓄电池电解液不足时,不允许进行放电试验。

②将高率放电计的负极测量头连接在蓄电池的负极桩头上,如图1-23所示。

图1-23　将负极测量头连接在负极桩头上

连接时间不得超过10s,否则容易损坏高率放电计。

③判断蓄电池的存电量状况及性能。如果电压表的指示针指示在绿格范围内,表示蓄电池电量充足,不需充电,如图1-24所示;如果电压表的指示针指示在黄格范围内,表示蓄电池电量不足,需充电,如图1-25所示;如果电压表的指示针指示在红格范围内,表示蓄电池严重亏电,应立即充电,如图1-26所示;如果电压表的指示针在"0"位,表示蓄电池损坏,需更换,如图1-27所示。

图1-24　绿格范围内表示电量充足

图1-25　黄格范围内表示电量不足

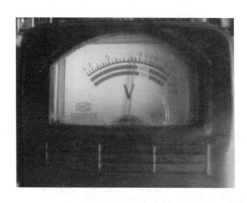

图1-26　红格范围内表示严重亏电

图1-27 "0"位表示蓄电池损坏

图1-29 检查蓄电池底座是否牢靠

（3）通过电量指示器判断蓄电池存电量，如图1-28所示。如果指示器呈绿色，表明蓄电池电量充足，不需充电；如果指示器呈黑色，表明蓄电池电量不足，需充电；如果指示器呈白色，表明蓄电池损坏。

图1-28 蓄电池电量指示器

图1-30 将蓄电池平放在底座上

图1-31 安装正极电缆夹

三 蓄电池的安装

（1）检查蓄电池底座是否牢靠，如图1-29所示。

（2）将蓄电池平放在底座上，如图1-30所示。

（3）将正极电缆夹安装到蓄电池正极桩头上，如图1-31所示。

安装时按"先正后负"的顺序，与拆卸时相反。

（4）用10mm套筒、棘轮扳手拧紧蓄电池正极桩头电缆夹的固定螺栓，如图1-32所示。

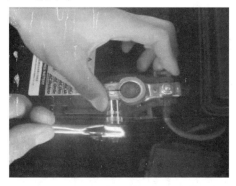

图1-32　拧紧蓄电池正极桩头电缆夹的固定螺栓

（5）将负极电缆夹安装到蓄电池负极桩头上，如图1-33所示。

图1-33　安装负极电缆夹

（6）用10mm套筒、棘轮扳手拧紧蓄电池负极桩头电缆夹的固定螺栓，如图1-34所示。

图1-34　拧紧蓄电池负极桩头电缆夹的固定螺栓

（7）盖上蓄电池防护罩，如图1-35所示。

图1-35　盖上蓄电池防护罩

任务 3　蓄电池的充电

蓄电池的充电方法有定流充电、定压充电、快速脉冲充电。

一　定流充电

定流充电是指在充电过程中，使充电电流保持恒定的充电方法。

（1）确认蓄电池通气孔畅通，如图1-36所示。

图1-36　蓄电池通气孔

提示

在充电时，所产生的氢气及氧气将从通气孔逸出，以防止聚集过多气体而发生爆炸。如果是普通铅酸蓄电池，应将加液塞全部打开，如图1-37所示。

图1-37　打开加液塞

（2）将充电机的正、负极与蓄电池的正、负极桩头相连接，如图1-38所示。

图1-38　连接充电机和蓄电池

（3）将充电机电源插头与220V交流电连接，如图1-39所示。

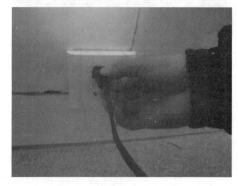

图1-39　插上充电机电源插头

（4）根据蓄电池的额定电压，选择充电电压挡位，如果蓄电池电压为12V，选择12V挡位，如图1-40、图1-41所示。

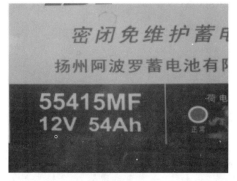

图1-40　确认蓄电池的额定电压（12V）

图1-41 选择蓄电池的充电电压

（5）打开充电机开关，电源指示灯亮起，如图1-42所示。

图1-42 打开充电机开关

（6）调节电流调节开关，如图1-43所示。从小到大调节充电电流的大小，使充电电流保持在蓄电池额定容量的10%左右。如果该蓄电池的容量为54Ah，其充电电流为5.4A左右，如图1-44、图1-45所示。

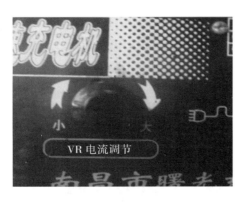

图1-43 电流调节开关

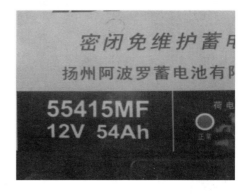

图1-44 蓄电池容量值（54Ah）

图1-45 充电电流值

（7）当蓄电池电压达到13.8～14.4V时，如图1-46所示，再将充电电流减半。当蓄电池充足电后，报警指示灯会亮起，如图1-47所示。

图1-46 充电器电压指示

图1-47 报警指示灯

蓄电池充电时,应在通风良好的地方进行。

二 定压充电

定压充电是指在充电过程中,将充电压始终保持恒定的充电方法。对于12V蓄电池充电电压为15V,24V蓄电池充电电压为28V。该方法的优点是充电效率高,在开始4~5h内就可获得90%~95%的充电量,可大大缩短充电时间。如果充电的电压选择合适,电池充足电时电流趋于零,不会发生过充电。

三 快速脉冲充电

快速脉冲充电是指利用脉冲充电电流实现快速充电。快速脉冲充电前,应先检查电解液相对密度,并根据其全充电状态时的密度值计算蓄电池的剩余容量,以确定快速充电时间,并将充电设备上的定时器调到相应的时间上。多数快速充电设备都装有温度传感器,将其插入蓄电池加液孔中。当电解液温度超过50℃时,设备会自动停止充电。

项目二

发电机的构造与维护

知识点

1. 掌握发电机的功用；
2. 掌握发电机的工作原理；
3. 掌握发电机的结构。

技能点

1. 能了解发电机的拆装方法；
2. 能正确连接桑塔纳2000汽车电源系线路。

参考学时及教学组织安排

本项目总学时为18学时，其中：理论教学为4学时，示范为2学时，学生练习为12学时。

理论教学采用多媒体辅助教学，并结合实物讲解，使学生掌握发电机的构造和工作原理。

实践教学采用项目教学法，根据实训设备的台套数，学生分组进行发电机拆装、结构认知和桑塔纳2000汽车电源系线路连接的项目教学。老师讲解并示范操作步骤和注意事项，适时下达操作指令，并进行工位间巡视、检查、指导和纠正错误。

项目实施所需设备、器材

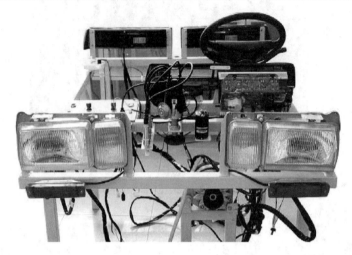

整车线路实训台

交流发电机

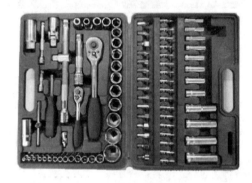

世达工具

台虎钳

十字螺丝刀

电烙铁

任务 1　发电机的结构认知

一、发电机的功用

发电机是充电系统的主要设备，如图2-1所示。它是汽车的主要电源，与电压调节器匹配工作，由汽车发动机驱动。发电机正常工作时，向除起动机以外的所有用电设备供电，并向蓄电池充电。目前，国内外汽车上广泛使用硅整流交流发电机。

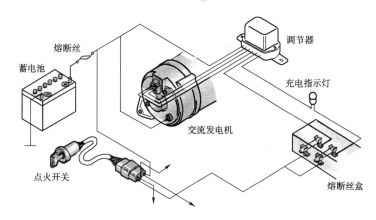

图2-1　充电系统的组成

二、发电机的工作原理

（1）导体在磁场内运动切割磁力线，在导体中会产生感应电压。如果将导体连成完整电路，则电路中会有电流，如图2-2所示。

（2）在导线中放置磁铁，并使磁铁旋转，则旋转的磁力线切割导线，在导线中会产生电流，如图2-3所示。导体或磁铁运动时，电流表指针都会摆动。电流表指针摆动的方向，依导体或磁铁运动方向而定。指针摆动的角度，随导体或磁铁的运动速度加快而增大。

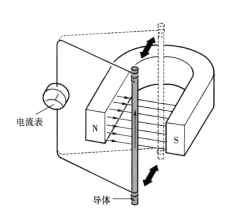

图2-2　导体在磁场内运动

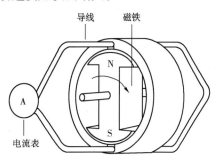

图2-3　磁铁在导线中旋转

（3）磁力线切割线圈，能在线圈中产生感应电压，这种现象称为电磁感应。

发电机由电磁感应产生感应电压，因而产生电压或电流。

三 发电机的结构

发电机主要由转子、定子总成、整流器、带轮、风扇、前后端盖、电刷架、电刷等部件组成，如图2-4所示。下面将桑塔纳汽车JFZ1913Z发电机分解，进行结构认知。

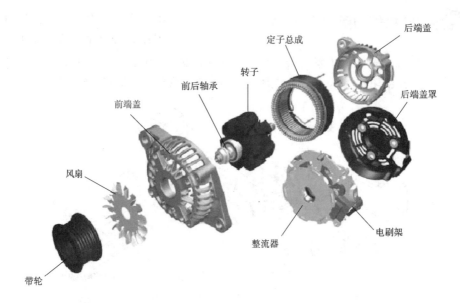

图2-4 发电机的结构

（1）用14mm、10mm梅花扳手拆下发电机后端盖罩上的B+和E接线柱螺母，如图2-5所示。

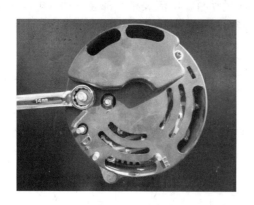

图2-5 拆下B+和E接线柱螺母

（2）用十字螺丝刀拆下发电机后端盖罩固定螺钉，取下后端盖罩，如图2-6、图2-7所示。

图2-6 拆下后端盖罩固定螺钉

图2-7 取下后端盖罩

（3）拔下电刷架及电压调节器总成导线插头，用十字螺丝刀拆下两个固定螺钉，取下电刷架及电压调节器总成，如图2-8、图2-9所示。

图2-8　拔下电刷架及电压调节器总成导线插头

图2-9　拆下电刷架及电压调节器总成固定螺钉

电刷架及电压调节器总成主要包括电刷架、电刷、电压调节器，如图2-10所示。

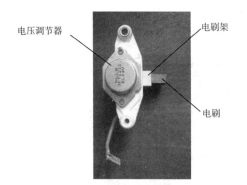

图2-10　电刷架及电压调节器总成

①电刷与电刷架。电刷的功用是将电源通过集电环引入磁场线圈。两个电刷分别装在电刷架的孔内，借助弹簧压力与集电环保持接触。电刷和集电环的接触应良好，否则会因为磁场电流过小，导致发电机发电不足。

②电压调节器。电压调节器是把发电机输出电压控制在规定范围内的调节装置，其功用是在发电机转速变化时，自动控制发电机电压，使其保持恒定，防止发电机电压过高而烧坏用电设备和导致蓄电池过量充电，同时也防止发电机电压过低而导致用电设备工作失常和蓄电池充电不足。

电压调节器主要分为触点式调节器、晶体管式调节器、集成电路式调节器。现在普遍采用集成电路式调节器。

（4）拔下电容器导线插头，用十字螺丝刀拆下电容器的一个固定螺钉，取下电容器，如图2-11、图2-12所示。

图2-11　拔下电容器导线插头

图2-12　拆下电容器的一个固定螺钉

电容器的功用是减小电磁干扰，使发电机输出电压更为平稳，如图2-13所示。

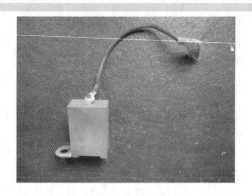

图2-13 电容器

（5）用电烙铁熔下定子总成与整流器的4根接线柱，如图2-14所示。

图2-14 熔下定子总成与整流器的4根接线柱

（6）用十字螺丝刀拆下整流器与后端盖的3个固定螺钉，取下整流器总成，如图2-15所示。

图2-15 拆下整流器与后端盖的3个固定螺钉

整流器的结构，如图2-16所示。其功用是把发电机产生的交流电变成直流电输出，一般由大功率的硅二极管构成整流电路。发电机型号不同，硅二极管的数量也不同，一般有6个、8个、9个、11个。

图2-16 整流器

硅二极管一般分为正极管和负极管，如图2-17所示。正、负二极管的外形一样，在外壳上有记号注明电流方向，正极管为红色标记，负极管为黑色标记。

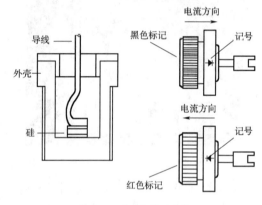

图2-17 硅二极管的结构

（7）用8mm套筒拆下4个发电机连接螺栓，分解发电机前后端盖，如图2-18、图2-19所示。

图2-18 拆下4个发电机连接螺栓

图2-19 分解发电机前后端盖

（8）分解发电机后端盖与定子总成，取出定子总成，如图2-20所示。

图2-20 定子总成

定子由定子绕组和铁芯组成，其功用是产生交流电，如图2-21所示。铁芯由许多涂有绝缘漆的铁片叠成，内有直槽，以容放定子绕组。定子绕组由漆包线绕成，共有3组绕组，3组绕组的连接方法有星形连接和三角形连接，如图2-22所示。

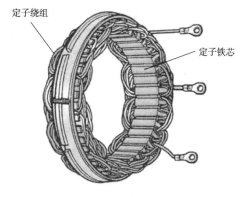

图2-21 定子的结构

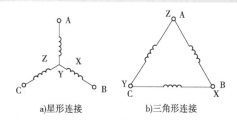

a)星形连接　　b)三角形连接

图2-22 定子绕组的连接方法

（9）将转子固定在台虎钳上，用24mm套筒拆下带轮固定螺母，取下带轮、风扇，如图2-23所示。

图2-23 用24mm套筒拆下带轮固定螺母

①带轮。带轮通常用铸铁或铝合金制成，分单槽和双槽两种，利用半圆键装在风扇外侧的转子轴上，如图2-24所示。它通过传动带将发动机的动力传递给发电机的转子，带动转子和风扇运转。

图2-24 带轮

②风扇。风扇一般用1.5mm厚的钢板冲压或用铝合金压铸而成，并用半圆键装在前端盖外侧的转子轴上，如图2-25所示。发电机工作时，定子线圈和磁场线圈中都会有热量产生，温度过高会烧坏导线

的绝缘，导致发电机不能正常工作，所以风扇必须为发电机散热。

图2-25 风扇

（10）用十字螺丝刀拆下前轴承盖的4个固定螺钉，如图2-26所示。

图2-26 拆下前轴承盖的4个固定螺钉

（11）用顶拔器将前端盖与转子分离，取出转子，如图2-27、图2-28所示。

图2-27 将前端盖与转子分离

图2-28 转子

转子由磁极、磁场线圈、集电环及轴等组成，如图2-29所示。转子分成两片爪型铁，交叉组合在一起，一边全为N极，另一边全为S极，磁场绕组被磁极包住，两端以轴承支撑在前后端盖上。转子由带轮驱动，在定子中旋转，其功用是产生旋转的磁场。

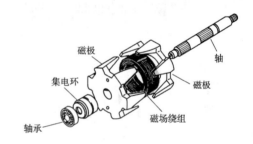

图2-29 转子的结构

前后端盖用非导磁性材料铝合金制成，漏磁少，并具有轻便、散热性好等优点。前后端盖通常设有通风口，当带轮和风扇一起旋转时，使空气高速流经发电机内部进行冷却。

任务 2 电源系统线路连接

一 电源系线路走向

图2-30~图2-32为桑塔纳2000汽车电源系统线路图，具体线路走向如下。

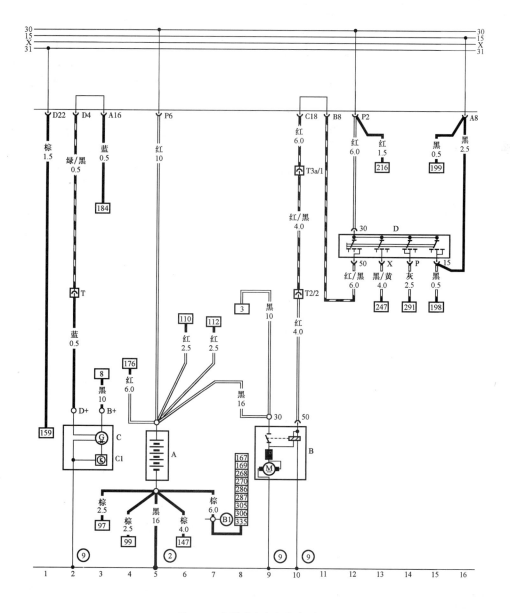

图2-30 电源系统线路图（一）

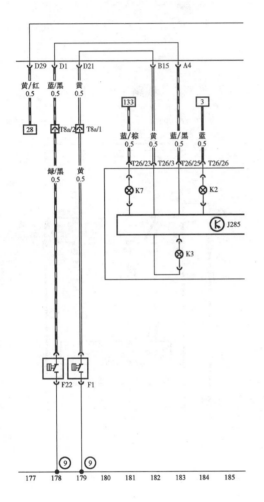

图2-31 电源系统线路图（二）　　　　图2-32 电源系统线路图（三）

1 励磁线路

蓄电池正极→中央接线盒P6端子→中央接线盒30电源线→中央接线盒P2端子→点火开关30接线柱→点火开关15接线柱→仪表板T26/24端子→仪表板K2充电指示灯→仪表板T26/26端子→中央接线盒A16端子→中央接线盒D4端子→发电机D+接线柱→发电机内部→发电机E接线柱→搭铁→蓄电池负极。

2 充电线路

发电机B+接线柱→起动机30接线柱→蓄电池正极。

二 电源系统线路连接

电源系统线路连接所用端子、接线柱，如图2-33所示。具体连接步骤如下。

（1）连接蓄电池正极到中央接线盒P6端子，如图2-34所示。

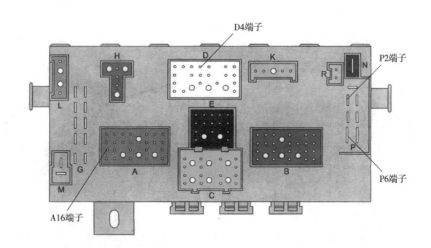

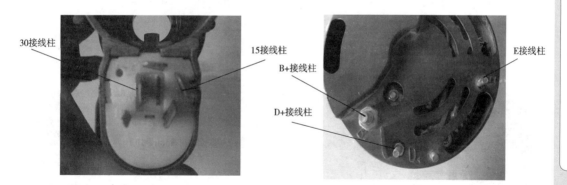

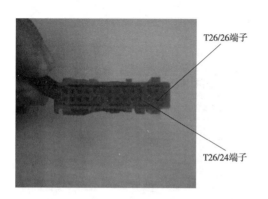

图2-33 电源系统线路连接所用端子、接线柱

图2-34 连接蓄电池正极到中央接线盒P6端子

（2）连接中央接线盒P2端子到点火开关30接线柱，如图2-35所示。

图2-35 连接中央接线盒P2端子到点火开关30接线柱

（3）连接点火开关15接线柱到仪表板T26/24端子，如图2-36所示。

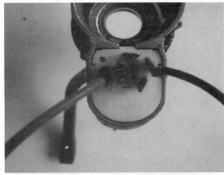

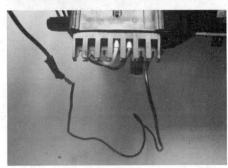

图2-36 连接点火开关15接线柱到仪表板T26/24端子

（4）连接仪表板T26/26端子到中央接线盒A16端子，如图2-37所示。

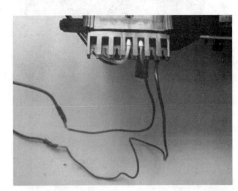

图2-37 连接仪表板T26/26端子到中央接线盒A16端子

（5）连接中央接线盒D4端子到发电机D+接线柱，如图2-38所示。

图2-39　连接发电机B+接线柱到起动机30接线柱

（7）连接起动机30接线柱到蓄电池正极，如图2-40所示。

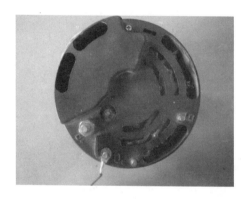

图2-38　连接中央接线盒D4端子到发电机D+接线柱

（6）连接发电机B+接线柱到起动机30接线柱，如图2-39所示。

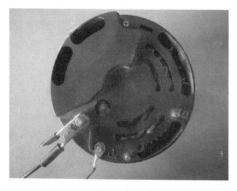

图　2-39

图2-40　连接起动机30接线柱到蓄电池正极

（8）连接发电机E接线柱到蓄电池负极，如图2-41所示。

图2-41　连接发电机E接线柱到蓄电池负极

项目三

起动机的构造与维护

知识点

1. 掌握起动系的组成；
2. 掌握起动机的功用；
3. 掌握起动机的结构。

技能点

1. 能了解起动机的拆装方法；
2. 能正确连接桑塔纳2000汽车起动系线路。

参考学时及教学组织安排

本项目总学时为18学时，其中：理论教学为4学时，示范为2学时，学生练习为12学时。

理论教学采用多媒体辅助教学，并结合实物讲解，使学生掌握起动机的构造和工作原理。

实践教学采用项目教学法，根据实训设备的台套数，学生分组进行起动机的拆装和桑塔纳2000汽车起动系线路连接的项目教学。老师讲解并示范操作步骤和注意事项，适时下达操作指令，并进行工位间巡视、检查、指导和纠正错误。

项目实施所需设备、器材

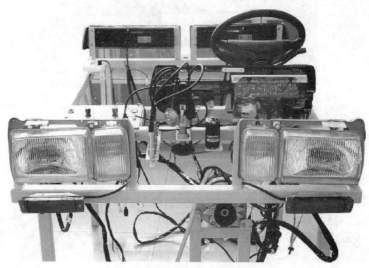

整车线路实训台

起动机

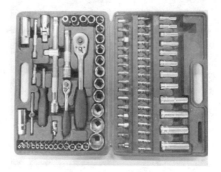

世达工具

任务 1 起动机的结构认知

一 起动系的组成

起动系由蓄电池、点火开关、起动机所组成,如图3-1所示。

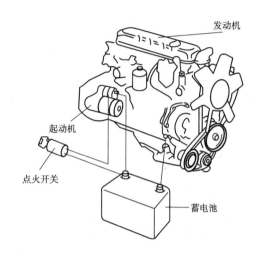

图3-1 起动系的组成

二 起动机的功用

当点火开关旋至起动挡时,直流电动机开始转动并产生转矩,同时电磁开关将传动机构中的驱动齿轮推出,使之与发动机飞轮齿圈啮合,将直流电动机的转矩传递给飞轮,飞轮带动曲轴旋转,使发动机起动运转。

三 起动机的结构

起动机主要由直流电动机、传动机构和控制装置组成,如图3-2所示。下面将桑塔纳汽车QD1225起动机分解,进行结构认知。

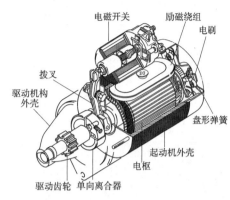

图3-2 起动机的结构

(1)使用13mm梅花扳手拆下起动机电磁开关C接线柱固定螺母,取下励磁绕组引线端子,如图3-3、图3-4所示。

图3-3 拆下起动机电磁开关C接线柱固定螺母

图3-4 取下励磁绕组引线端子

项目三 起动机的构造与维护

（2）使用十字螺丝刀拆下电磁开关3个固定螺钉，取下电磁开关、复位弹簧、活动铁芯，如图3-5~图3-8所示。

图3-5 拆下电磁开关3个固定螺钉

图3-6 取下电磁开关

图3-7 取下复位弹簧

图3-8 取下活动铁芯

电磁开关是起动机的控制装置，它的功用是控制驱动齿轮与飞轮齿圈的啮合与分离，并控制电动机电路的接通与切断。电磁开关主要由吸引线圈、保持线圈、复位弹簧、活动铁芯、接触片、接线柱等组成，如图3-9、图3-10所示。

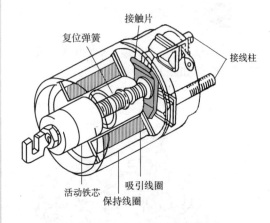

图3-9 电磁开关结构图

图3-10 电磁开关接线柱图

电磁开关的工作过程如下：

①当点火开关接通后，电流经起动机50接线柱进入电磁开关内部，电流分成两路：一路流入保持线圈，经线圈后直接搭铁；另一路流入吸引线圈，进入电动机的励磁绕组和电枢后搭铁。两线圈通电后产生较强的电磁力，克服弹簧弹力使活动铁芯移动，通过拨叉带动驱动齿轮移向飞轮齿圈并与之啮合，如图3-11所示。

由于流经电动机的电流非常小，电动机转速低，可以保证齿轮之间平顺啮合。

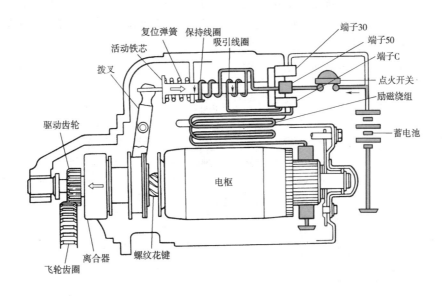

图3-11 电磁开关工作过程（一）

②当驱动齿轮与飞轮齿圈完全啮合后，接触片将起动机30接线柱与C接线柱接通，蓄电池的电流直接通过两个接线柱和接触片进入电动机，使电动机进入正常运转。此时吸引线圈两端的电压相等，所以无电流通过，保持线圈产生的磁场力使活动铁芯保持在原位不动，如图3-12所示。

由于流经电动机的电流增大，电动机的转速升高。

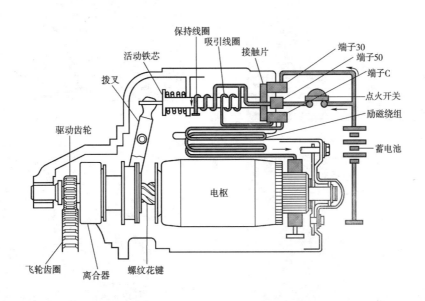

图3-12 电磁开关工作过程（二）

③发动机起动后,切断起动电路,此时吸引线圈和保持线圈的电流方向相反,产生的磁场力相互抵消,在复位弹簧的作用下,活动铁芯回位,使驱动齿轮与飞轮齿圈脱离啮合,同时接触片与2个接线柱断开,切断电动机的电流,整个起动过程结束,如图3-13所示。

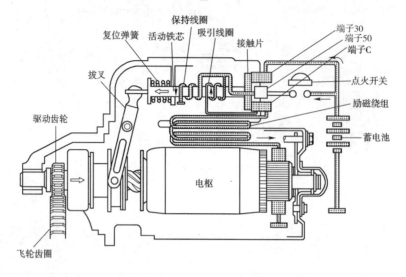

图3-13 电磁开关工作过程(三)

(3)使用十字螺丝刀拆下轴承盖2个固定螺钉,取下轴承盖,如图3-14、图3-15所示。

(4)取下电枢轴锁片及O形橡胶圈,如图3-16、图3-17所示。

图3-14 拆下轴承盖2个固定螺钉

图3-16 取下锁片

图3-15 轴承盖

图3-17 取下O形橡胶圈

（5）使用8mm套筒拆下电刷端盖的2个固定螺钉，取下电刷端盖，如图3-18、图3-19所示。

图3-18　拆下电刷端盖的2个固定螺钉

图3-19　电刷端盖

（6）使用电刷钩提起电刷弹簧，拆下4个电刷，取下电刷架，如图3-20所示。

图3-20　拆下电刷

电刷装在电刷架中，其中2个搭铁电刷利用与端盖相通的电刷架搭铁，另外2个电刷的电刷架与端盖绝缘，绝缘电刷引线与励磁绕组相连接，如图3-21、图3-22所示。起动机电刷通常用铜粉和石墨粉压制而成，以减少电阻并提高耐磨性。它的功用是连接励磁绕组和电枢绕组的电路。电刷架上有盘形弹簧，用以压紧电刷与换向器。

图3-21　搭铁电刷和电刷架

图3-22　绝缘电刷

（7）取下电动机外壳，如图3-23所示。

图3-23　取出起动机外壳

起动机外壳上固定着磁极铁芯和励磁绕组，称为起动机的定子，如图3-24所示。它的功用是产生磁场。图3-25所示为励磁绕组的内部电路连接方法，励磁绕组一端接在外壳的绝缘接线柱上，另一端与2个绝缘电刷相连接。

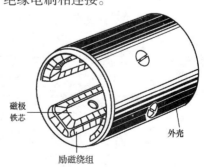

图3-24　定子

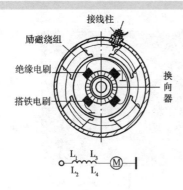

a) 4个绕组相互串联

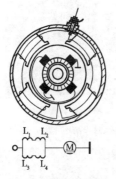

b) 2个绕组串联后再并联

图3-25 励磁绕组的接法

（8）分离驱动机构外壳与电枢，取下电枢，如图3-26、图3-27所示。

图3-26 驱动机构外壳

图3-27 电枢

电枢通常称为起动机的转子，由电枢轴、铁芯、电枢绕组和换向器等组成，如图3-28所示。电枢的功用是产生电磁转矩。换向器的功用是使电枢轴上的电磁转矩保持固定方向。

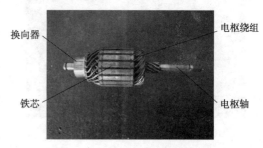

图3-28 电枢的结构

电枢、定子、电刷、电刷架和端盖等组成了直流电动机，其功用是产生发动机起动时所需的电磁转矩。直流电动机是根据载流导体在磁场中受力运动的原理设计而成的。图3-29为直流电动机工作原理图。当电路接通时，蓄电池的电流经励磁绕组和电枢绕组形成回路，励磁绕组通电后形成电磁场，电枢绕组通电后受到电磁作用力产生旋转运动。

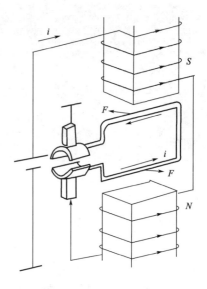

图3-29 直流电动机工作原理图

（9）拆下弹性挡圈及止动挡圈，取下传动机构总成，如图3-30所示。

图3-30 拆下弹性挡圈及止动挡圈

驱动齿轮

单向离合器

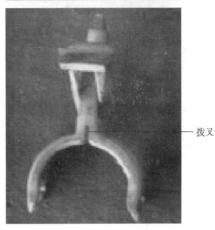

拨叉

图3-31 传动机构

起动机的传动机构一般由驱动齿轮、单向离合器、拨叉等组成，如图3-31所示。它的功用是将直流电动机产生的转矩传递给飞轮齿圈，再通过飞轮齿圈把转矩传递给发动机的曲轴，使发动机起动；起动后，飞轮齿圈与驱动齿轮自动打滑脱离。

任务 2　起动系统线路连接

一、起动系统线路走向

图3-32为桑塔纳2000汽车起动系统线路图，具体线路走向如下。

（1）蓄电池正极→中央接线盒P6端子→中央接线盒30电源线→中央接线盒P2端子→点火开关30接线柱→点火开关50接线柱→中央接线盒B8端子→中央接线盒C18端子→起动机50接线柱→吸引线圈、保持线圈→搭铁→蓄电池负极。

（2）蓄电池正极→起动机30接线柱→直流电动机→搭铁→蓄电池负极。

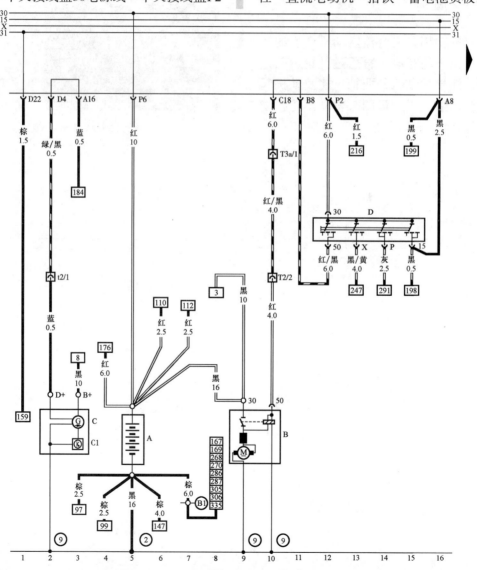

图3-32　起动系统线路图

二、起动系统线路连接

起动系统线路连接所用端子、接线柱,如图3-33所示。具体连接步骤如下。

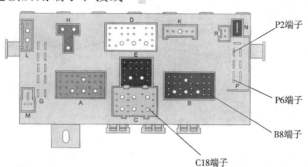

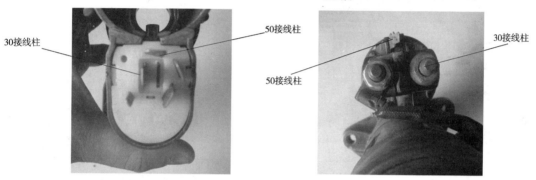

图3-33 起动系统线路连接所用端子、接线柱

（1）连接蓄电池正极到中央接线盒P6端子,如图3-34所示。

（2）连接中央接线盒P2端子到点火开关30接线柱,如图3-35所示。

图3-34 连接蓄电池正极到中央接线盒P6端子

图3-35 连接中央接线盒P2端子到点火开关30接线柱

（3）连接点火开关50接线柱到中央接线盒B8端子，如图3-36所示。

图3-36 连接点火开关50接线柱到中央接线盒B8端子

（4）连接中央接线盒C18端子到起动机50接线柱，如图3-37所示。

图3-37 连接中央接线盒C18端子到起动机50接线柱

（5）连接蓄电池正极到起动机30接线柱，如图3-38所示。

图3-38 连接蓄电池正极到起动机30接线柱

（6）连接蓄电池负极，如图3-39所示。

图3-39 连接蓄电池负极

项目四

灯光的构造与维护

 知识点

1. 掌握灯光的组成和功用；
2. 掌握前照灯的组成。

 技能点

1. 能正确进行卡罗拉汽车的灯泡的检查与更换；
2. 能正确连接桑塔纳2000汽车灯光线路。

 参考学时及教学组织安排

本项目总学时为24学时，其中：理论教学为2学时，示范为4学时，学生练习为18学时。

理论教学采用多媒体辅助教学，并结合实物讲解，使学生掌握灯光的组成和功用、前照灯的组成。

实践教学采用项目教学法，根据实训设备的台套数，学生分组进行卡罗拉汽车的灯泡的检查与更换和桑塔纳2000汽车灯光线路连接的项目教学。老师讲解并示范操作步骤和注意事项，适时下达操作指令，并进行工位间巡视、检查、指导和纠正错误。

项目实施所需设备、器材

卡罗拉汽车

整车线路实训台

　　　　　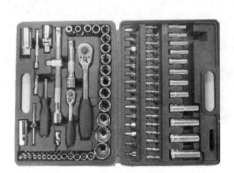

一字螺丝刀　　　　　　　　世达工具

任务 1 灯光的结构认知

一、汽车灯光的组成和功用

为了保证汽车行驶的安全性、减少交通事故和机械事故的发生，汽车上都装有汽车灯光。汽车灯光可分为车外照明灯和车内照明灯，如图4-1、图4-2所示。

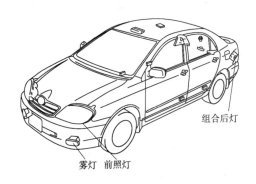

图4-1 车外照明灯

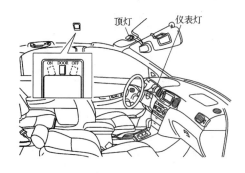

图4-2 车内照明灯

1. 示宽灯和尾灯

位于汽车头部的灯称为示宽灯，位于汽车尾部的灯称为尾灯，用于夜间给其他车辆指示车辆位置与宽度。

2. 前照灯

前照灯俗称大灯，安装在汽车头部的两侧，用于夜间或光线昏暗路面上汽车行驶时的照明。前照灯分为近光灯和远光灯。

3. 雾灯

雾灯安装在车头和车尾，位置比前照灯略低，用于在有雾、下雪、暴雨或尘埃等恶劣条件下改善道路照明情况。

4. 转向信号灯

转向信号灯（简称转向灯）安装在汽车两侧、前翼子板及后视镜上，用于提示汽车转弯或变更车道。

5. 危险警告灯

危险警告灯用于在汽车紧急停车或驻车时，显示车辆位置。转向信号灯同时闪烁时，即作危险警告灯用。

6. 制动灯

制动灯安装在汽车尾部，用于警示车辆正在制动，保持安全距离，避免发生追尾事故。

7. 倒车灯

倒车灯安装在汽车尾部，用于警示车辆将要或正在倒车，并给驾驶人提供夜间倒车照明。

8. 牌照灯

牌照灯安装在汽车尾部车牌上方，用

于照亮车牌。

9 仪表灯

仪表灯安装在仪表板内，用于夜间照亮仪表板，使驾驶人能看清楚仪表。

10 顶灯

顶灯安装在车内，用于驾驶室内照明及监视车门关闭是否可靠。

11 阅读灯

阅读灯安装在车内，用于乘员阅读时照明。

12 行李舱灯

行李舱灯安装在行李舱内，用于打开行李舱时，照亮行李舱空间。

二 前照灯的组成

前照灯由反射镜、配光镜和灯泡组成，如图4-3所示。

光线经反射后，成为平行光束射向远方，其距离可达150m或更远，如图4-4所示。

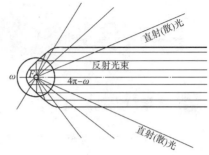

图4-4 反射镜的聚光示意图

2 配光镜

配光镜又称散光玻璃，装于反射镜之前，它的功用是将反射镜反射出的平行光束进行折射，使车前路面和路缘都有良好而均匀的照明。

3 灯泡

目前前照灯的灯泡主要有白炽灯泡和卤素灯泡，如图4-5、图4-6所示。

图4-5 白炽灯泡

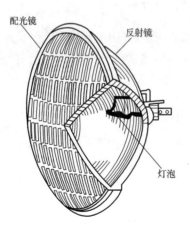

图4-3 前照灯的组成

1 反射镜

反射镜的功用是最大限度地将灯泡发出的光线聚合成强光束，以增加照射距离。灯丝位于反射镜的焦点处，其大部分

图4-6 卤素灯泡

（1）白炽灯泡。白炽灯泡的灯丝用钨丝制成，由于钨丝受热后会蒸发，将缩短灯泡的使用寿命。因此制造时，要先从玻璃内抽出空气，然后充入惰性气体，目的是减少钨丝受热后的蒸发，延长使用寿命，保证发光强度。但蒸发出来的钨会沉积在灯泡玻璃体上，会使灯泡玻璃体发黑。

（2）卤素灯泡。近年来，汽车上广泛使用卤素灯泡。卤素灯泡在惰性气体中加入了一定量的卤素物质，例如：碘、溴。此外，卤素灯泡尺寸较小，壳体用耐高温、机械强度较高的石英玻璃和硬玻璃制成。因工作温度高，灯内工作气压比其他灯泡高得多，因此钨的蒸发受到了有效的限制。在相同功率情况下，卤素灯泡的亮度是白炽灯泡的1.5倍，而寿命是白炽灯泡的2~3倍。

任务 2　灯泡的检查与更换

一　示宽灯和尾灯的检查与更换

1. 示宽灯和尾灯的检查

（1）将点火开关打开到ON挡位置，如图4-7所示。

图4-7　将点火开关打开到ON挡位置

（2）将前照灯开关旋到1挡位置，如图4-8所示。

图4-8　将前照灯开关旋到1挡位置

（3）检查示宽灯、尾灯、仪表指示灯是否点亮，如图4-9所示。

图 4-9

图4-9　检查示宽灯、尾灯、仪表指示灯是否点亮

2. 示宽灯和尾灯灯泡的更换

（1）将前照灯开关和点火开关关闭，如图4-10所示。

图4-10　将前照灯开关和点火开关关闭

（2）将蓄电池负极电缆断开，如图4-11所示。

图4-11 将蓄电池负极电缆断开

（3）拔下示宽灯插头，逆时针旋转示宽灯灯座，取出示宽灯总成，如图4-12所示。

图4-12 拔下示宽灯插头，取出示宽灯总成

（4）将示宽灯灯泡从示宽灯灯座上取出，如图4-13所示。

图4-13 将示宽灯灯泡从示宽灯灯座上取出

严禁用手接触灯泡表面，否则黏附的油污痕迹在灯泡通电发光时将受热雾化，使灯泡模糊不清，影响照明效果。同时卤素灯泡在通电时更易发热，如果有油脂沾在其表面，会缩短灯泡寿命。

（5）拆下后组合灯检修孔盖，逆时针旋转尾灯灯座，取出尾灯总成，如图4-14所示。

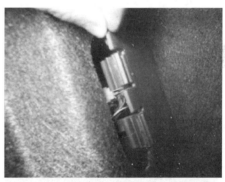

图4-14 拆下后组合灯检修孔盖，取出尾灯总成

（6）将尾灯灯泡从尾灯灯座上取出，如图4-15所示。

图4-15　将尾灯灯泡从尾灯灯座上取出

灯泡拆下后，应目视检查灯丝是否烧断。

（7）按相反顺序安装示宽灯灯泡和尾灯灯泡，并检查灯泡是否点亮。

更换灯泡时，应注意观察灯泡的工作电压和功率。卡罗拉汽车示宽灯灯泡工作电压为12V，功率为5W；尾灯灯泡工作电压为12V，功率为5W。

二、前照灯的检查与更换

1. 前照灯的检查

（1）将点火开关打开到ON挡位置，如图4-16所示。

图4-16　将点火开关打开到ON挡位置

（2）将前照灯开关旋到2挡位置，检查近光灯是否点亮，如图4-17所示。

图4-17　将前照灯开关旋到2挡位置，检查近光灯是否点亮

（3）将前照灯开关向下扳动，检查远光灯、仪表指示灯是否点亮，如图4-18所示。

图 4-18

图4-18 将前照灯开关向下扳动,检查远光灯、仪表指示灯是否点亮

将前照灯开关向上扳动时,远光灯、仪表指示灯也会点亮,其功用是提示对方车辆和正在前方行驶的车辆。因此,又称会车灯或超车灯。

② 前照灯灯泡的更换

(1)将前照灯开关和点火开关关闭,如图4-19所示。

图4-19 将前照灯开关和点火开关关闭

(2)将蓄电池负极电缆断开,如图4-20所示。

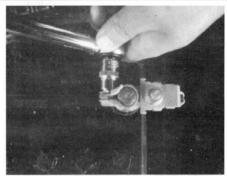

图4-20 将蓄电池负极电缆断开

(3)拔下近光灯插头,逆时针旋转近光灯灯座,取出近光灯总成,如图4-21所示。

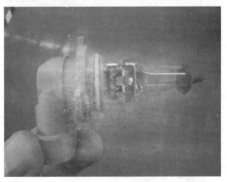

图4-21 拔下近光灯插头,取出近光灯总成

（4）拔下远光灯插头，逆时针旋转远光灯灯座，取出远光灯总成，如图4-22所示。

图4-22 拔下远光灯插头，取出远光灯总成

（5）按相反顺序安装近光灯灯泡和远光灯灯泡，并检查灯泡是否点亮。

提示

卡罗拉汽车近光灯灯泡工作电压为12V，功率为51W；远光灯灯泡工作电压为12V，功率为60W。

三、雾灯的检查与更换

1. 雾灯的检查

（1）将点火开关打开到ON挡位置，如图4-23所示。

图4-23 将点火开关打开到ON挡位置

（2）将前照灯开关旋到1挡位置，雾灯开关旋到1挡位置，检查前雾灯、仪表指示灯是否点亮，如图4-24所示。

图4-24 将前照灯开关旋到1挡位置，雾灯开关旋到1挡位置，检查前雾灯、仪表指示灯是否点亮

（3）将雾灯开关旋到2挡位置，检查后雾灯、仪表指示灯是否点亮，如图4-25所示。

图4-25 将雾灯开关旋到2挡位置，检查后雾灯、仪表指示灯是否点亮

❷ 雾灯灯泡的更换

（1）将雾灯开关和点火开关关闭，如图4-26所示。

图 4-26

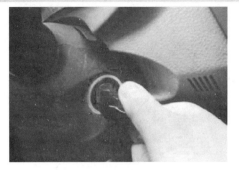

图4-26 将雾灯开关和点火开关关闭

（2）将蓄电池负极电缆断开，如图4-27所示。

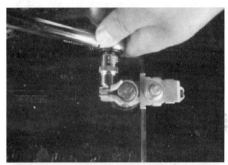

图4-27 将蓄电池负极电缆断开

（3）拔下前雾灯插头，逆时针旋转前雾灯灯座，取出前雾灯总成，如图4-28所示。

图 4-28

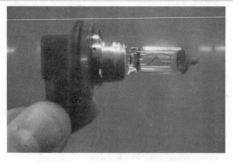

图4-28 拔下前雾灯插头,取出前雾灯总成

(4)拆下行李舱侧盖,拔下后雾灯插头,如图4-29所示。

图4-29 拆下行李舱侧盖,拔下后雾灯插头

(5)逆时针旋转后雾灯灯座,取出后雾灯总成,如图4-30所示。

图4-30 取出后雾灯总成

(6)将后雾灯灯泡从后雾灯灯座上取出,如图4-31所示。

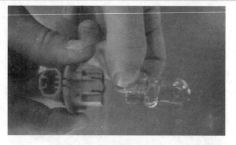

图4-31 将后雾灯灯泡从后雾灯灯座上取出

(7)按相反顺序安装雾灯灯泡,并检查灯泡是否点亮。

提示

卡罗拉汽车前雾灯灯泡工作电压为12V,功率为55W;后雾灯灯泡工作电压为12V,功率为21W。

四 转向灯的检查与更换

1 转向灯的检查

(1)将点火开关打开到ON挡位置,如图4-32所示。

图4-32 将点火开关打开到ON挡位置

(2)将转向灯开关向上推,检查右前转向灯、右侧转向灯、右后转向灯、仪表指示灯是否点亮,如图4-33所示。

图 4-33

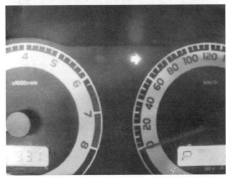

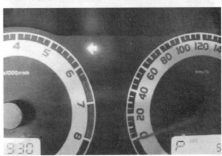

图4-33 将转向灯开关向上推,检查右前转向灯、右侧转向灯、右后转向灯、仪表指示灯是否点亮

（3）将转向灯开关向下推,检查左前转向灯、左侧转向灯、左后转向灯、仪表指示灯是否点亮,如图4-34所示。

图4-34 将转向灯开关向下推,检查左前转向灯、左侧转向灯、左后转向灯、仪表指示灯是否点亮

2 转向灯灯泡的更换

（1）将转向灯开关和点火开关关闭，如图4-35所示。

图4-35 将转向灯开关和点火开关关闭

（2）将蓄电池负极电缆断开，如图4-36所示。

图4-36 将蓄电池负极电缆断开

（3）拔下前转向灯插头，逆时针旋转前转向灯灯座，取出前转向灯总成，如图4-37所示。

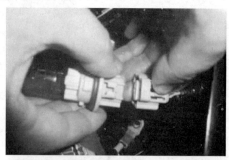

图4-37 拔下前转向灯插头，取出前转向灯总成

（4）将前转向灯灯泡从前转向灯灯座上取出，如图4-38所示。

图4-38 将前转向灯灯泡从前转向灯灯座上取出

（5）用一字螺丝刀松开侧转向灯2个卡子，取出侧转向灯总成，如图4-39所示。

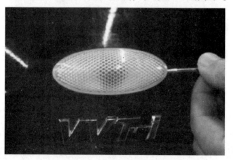

图 4-39

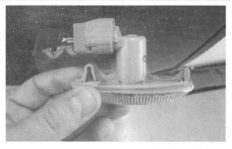

图4-39 用一字螺丝刀松开侧转向灯2个卡子，取出侧转向灯总成

（6）拔下侧转向灯插头，取出侧转向灯总成，如图4-40所示。

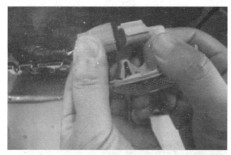

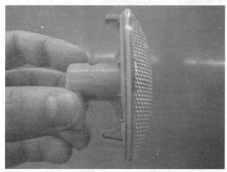

图4-40 拔下侧转向灯插头，取出侧转向灯总成

（7）拆下后组合灯检修孔盖，逆时针旋转后转向灯灯座，取出后转向灯总成，如图4-41所示。

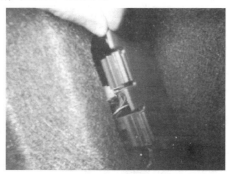

图 4-41

图4-41 拆下后组合灯检修孔盖，取出后转向灯总成

（8）将后转向灯灯泡从后转向灯灯座上取出，如图4-42所示。

图4-42 将后转向灯灯泡从后转向灯灯座上取出

（9）按相反顺序安装转向灯灯泡，并检查灯泡是否点亮。

卡罗拉汽车前转向灯灯泡工作电压为12V，功率为21W；侧转向灯灯泡工作电压为12V，功率为5W；后转向灯灯泡工作电压为12V，功率为21W。

五、危险警告灯的检查与更换

1. 危险警告灯的检查

（1）将点火开关打开到ON挡位置，如图4-43所示。

图4-43 将点火开关打开到ON挡位置

（2）将危险警告灯开关打开，检查所有转向灯、仪表指示灯是否点亮，如图4-44所示。

图4-44　将危险警告灯开关打开，检查所有转向灯、仪表指示灯是否点亮

2　危险警告灯灯泡的更换

危险警告灯灯泡的更换方法可参照更换转向灯灯泡的方法进行更换。

六　制动灯的检查与更换

1　制动灯的检查

（1）将点火开关打开到ON挡位置，如图4-45所示。

图4-45　将点火开关打开到ON挡位置

（2）踩下制动踏板，检查制动灯是否点亮，如图4-46所示。

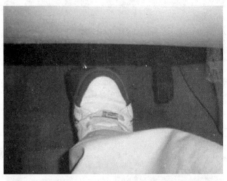

图4-46

图4-46　踩下制动踏板，检查制动灯是否点亮

②　制动灯灯泡的更换

（1）松开制动踏板，并将点火开关关闭，如图4-47所示。

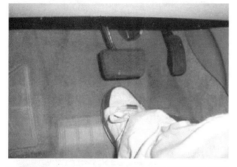

图4-47　松开制动踏板，并将点火开关关闭

（2）将蓄电池负极电缆断开，如图4-48所示。

图　4-48

图4-48　将蓄电池负极电缆断开

（3）拆下后组合灯检修孔盖，逆时针旋转制动灯灯座，取出制动灯总成，如图4-49所示。

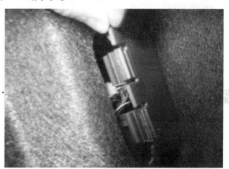

图4-49　拆下后组合灯检修孔盖，取出制动灯总成

（4）将制动灯灯泡从制动灯灯座上取出，如图4-50所示。

图4-50　将制动灯灯泡从制动灯灯座上取出

（5）按相反顺序安装制动灯灯泡，并检查灯泡是否点亮。

卡罗拉汽车制动灯灯泡工作电压为12V，功率为21W。

七、倒车灯的检查与更换

1 倒车灯的检查

（1）将点火开关打开到ON挡位置，如图4-51所示。

图4-51 将点火开关打开到ON挡位置

（2）将变速器变速杆置于R位，如图4-52所示。

图4-52 将变速器变速杆置于R位

（3）检查倒车灯、仪表指示灯是否点亮，如图4-53所示。

图4-53 检查倒车灯、仪表指示灯是否点亮

2 倒车灯灯泡的更换

（1）将变速器变速杆置于N或P位，并将点火开关关闭，如图4-54所示。

图 4-54

图4-54 将变速器变速杆置于N或P位,并将点火开关关闭

(2)将蓄电池负极电缆断开,如图4-55所示。

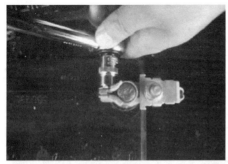

图4-55 将蓄电池负极电缆断开

(3)拆下行李舱侧盖,拔下倒车灯插头,如图4-56所示。

图 4-56

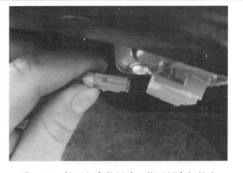

图4-56 拆下行李舱侧盖,拔下倒车灯插头

(4)逆时针旋转倒车灯灯座,取出倒车灯总成,如图4-57所示。

图4-57 逆时针旋转倒车灯灯座,取出倒车灯总成

(5)将倒车灯灯泡从倒车灯灯座上取出,如图4-58所示。

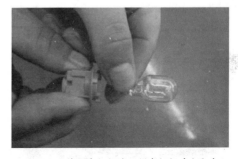

图4-58 将倒车灯灯泡从倒车灯灯座上取出

(6)按相反顺序安装倒车灯灯泡,并检查灯泡是否点亮。

 提示

卡罗拉汽车倒车灯灯泡工作电压为12V,功率为16W。

八 其他灯光的检查

(1)将点火开关打开到ON挡位置,如图4-59所示。

项目四 灯光的构造与维护

图4-59　将点火开关打开到ON挡位置

（2）打开行李舱盖，检查行李舱灯是否点亮，如图4-60所示。

图4-60　检查行李舱灯是否点亮

（3）打开驾驶人侧阅读灯开关，检查驾驶人侧阅读灯是否点亮，如图4-61所示。

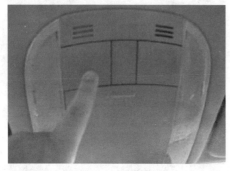

图4-61　打开驾驶人侧阅读灯开关，检查驾驶人侧阅读灯是否点亮

（4）打开副驾驶人侧阅读灯开关，检查副驾驶人侧阅读灯是否点亮，如图4-62所示。

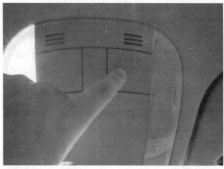

图4-62　打开副驾驶人侧阅读灯开关，检查副驾驶人侧阅读灯是否点亮

（5）将顶灯开关打到ON挡位置，检查顶灯是否点亮，如图4-63所示。

图4-63　将顶灯开关打到ON挡位置，检查顶灯是否点亮

（6）将顶灯开关打到DOOR挡位置，当打开车门时，顶灯应点亮；当关闭所有车门时，顶灯应熄灭，如图4-64所示。

（7）将灯光组合开关左侧旋到1挡位置，检查牌照灯是否点亮，如图4-65所示。

图4-64 当打开车门时,顶灯应点亮;当关闭所有车门时,顶灯应熄灭

图 4-64

图4-65 将灯光组合开关左侧旋到1挡位置,检查牌照灯是否点亮

项目四 灯光的构造与维护

任务 3 灯光线路连接

一 前照灯线路连接

1. 前照灯线路走向

图4-66~图4-69为桑塔纳2000汽车前照灯线路图，具体线路走向如下。

（1）前照灯电源线路：

蓄电池正极→中央接线盒P6端子→中央接线盒30电源线→中央接线盒P2端子→点火开关30接线柱→点火开关X接线柱→灯光开关X接线柱→灯光开关56接线柱→变光开关56接线柱。

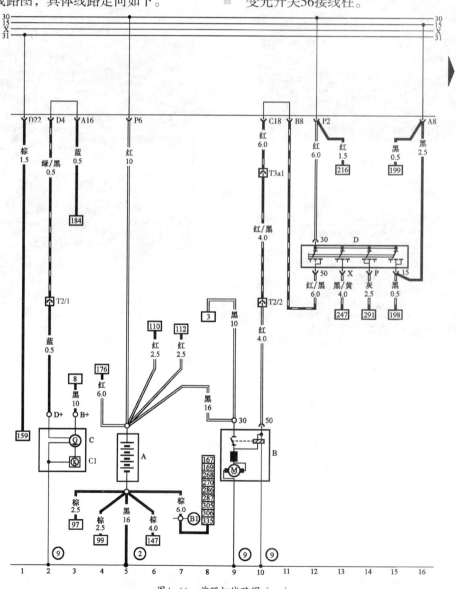

图4-66 前照灯线路图（一）

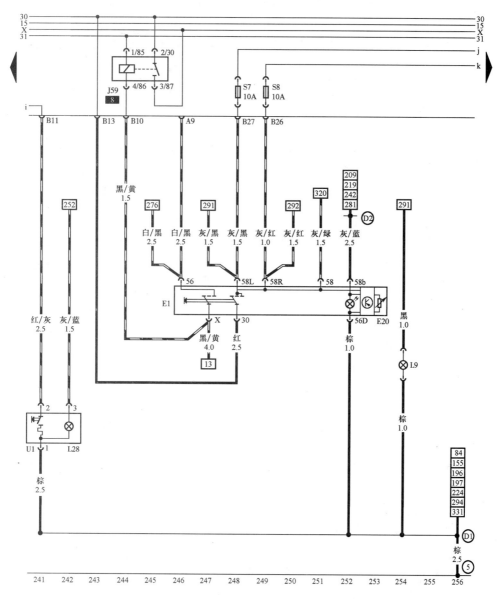

图4-67 前照灯线路图（二）

（2）近光灯线路：

变光开关56b接线柱→中央接线盒A21端子→熔断丝S21、S22→中央接线盒C5、C6端子→L1、L2近光灯丝→搭铁→蓄电池负极。

（3）远光灯线路：

变光开关56a接线柱→中央接线盒B22端子→熔断丝S9、S10→中央接线盒C16、C17端子→L1、L2远光灯丝→搭铁→蓄电池负极。

（4）超车灯线路：

中央接线盒30电源线→中央接线盒B23端子→变光开关30接线柱→变光开关56a接线柱→中央接线盒B22端子→熔断丝S9、S10→中央接线盒C16、C17端子→L1、L2远光灯丝→搭铁→蓄电池负极。

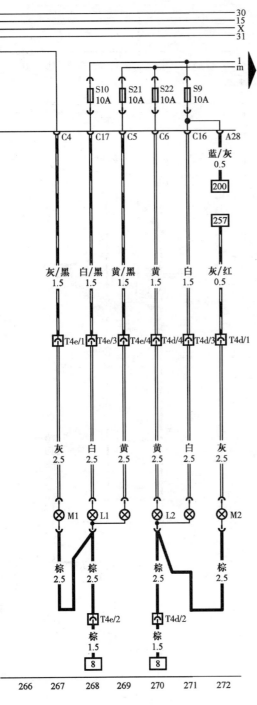

图4-68　前照灯线路图（三）

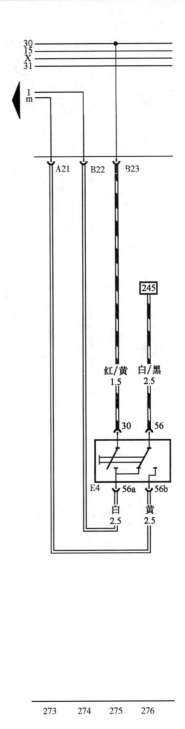

图4-69　前照灯线路图（四）

(2) 前照灯线路连接

前照灯线路连接所用端子、接线柱，如图4-70所示。具体连接步骤如下。

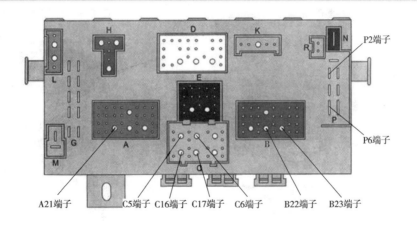
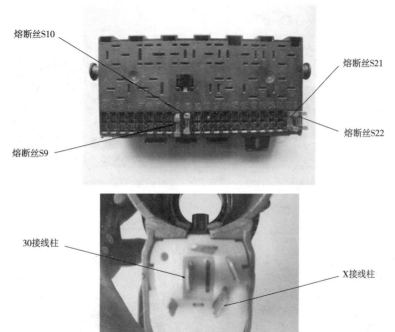

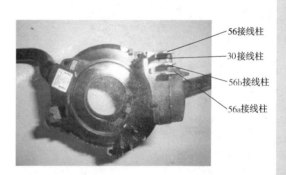

图4-70 前照灯线路连接所用端子、接线柱

（1）连接蓄电池正极到中央接线盒P6端子，如图4-71所示。

图4-71 连接蓄电池正极到中央接线盒P6端子

（2）连接中央接线盒P2端子到点火开关30接线柱，如图4-72所示。

图4-72 连接中央接线盒P2端子到点火开关30接线柱

（3）连接点火开关X接线柱到灯光开关X接线柱，如图4-73所示。

图4-73 连接点火开关X接线柱到灯光开关X接线柱

（4）连接灯光开关56接线柱到变光开关56接线柱，如图4-74所示。

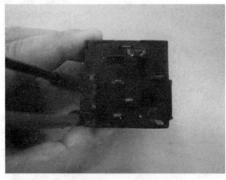

图4-74 连接灯光开关56接线柱到变光开关56接线柱

（5）连接变光开关56b接线柱到中央接线盒A21端子，如图4-75所示。

图4-75　连接变光开关56b接线柱到中央接线盒A21端子

（6）连接中央接线盒C5端子到L1近光灯丝，如图4-76所示。

图4-76　连接中央接线盒C5端子到L1近光灯丝

（7）连接中央接线盒C6端子到L2近光灯丝，如图4-77所示。

图4-77　连接中央接线盒C6端子到L2近光灯丝

（8）连接变光开关56a接线柱到中央接线盒B22端子，如图4-78所示。

图4-78　连接变关开关56a接线柱到中央接线盒B22端子

（9）连接中央接线盒C17端子到L1远光灯丝，如图4-79所示。

图4-81 连接中央接线盒B23端子到变光开关30接线柱

图4-79 连接中央接线盒C17端子到L1远光灯丝

（10）连接中央接线盒C16端子到L2远光灯丝，如图4-80所示。

（12）连接L1、L2到搭铁线，如图4-82所示。

图4-80 连接中央接线盒C16端子到L2远光灯丝

图4-82 连接L1、L2到搭铁线

（11）连接中央接线盒B23端子到变光开关30接线柱，如图4-81所示。

（13）连接搭铁线到蓄电池负极，如图4-83所示。

图4-83 连接搭铁线到蓄电池负极

二 雾灯线路连接

1 雾灯线路走向

图4-84~图4-87为桑塔纳2000汽车雾灯线路图，具体线路走向如下。

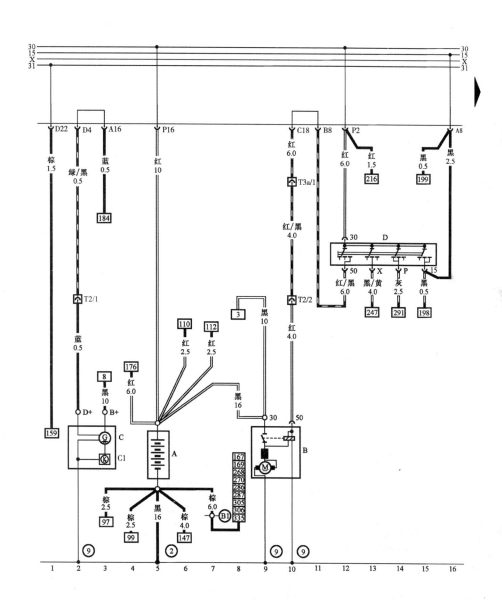

图4-84 雾灯线路图（一）

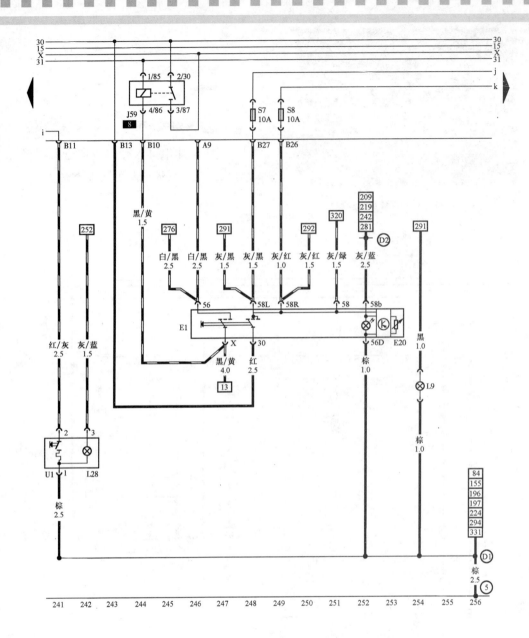

图4-85 雾灯线路图（二）

（1）中央接线盒X电源线路：

①蓄电池正极→中央接线盒P6端子→中央接线盒30电源线→中央接线盒P2端子→点火开关30接线柱→点火开关X接线柱→灯光开关X接线柱→中央接线盒B10端子→卸荷继电器86端子→卸荷继电器线圈→卸荷继电器85端子→中央接线盒31搭铁线→中央接线盒D22端子→搭铁→蓄电池负极。

②中央接线盒30电源线→卸荷继电器30端子→卸荷继电器触点→卸荷继电器87端子→中央接线盒X电源线。

（2）雾灯电源线路：

①中央接线盒30电源线→中央接线盒B13端子→灯光开关30接线柱→灯光开关58接线柱→中央接线盒A24端子→

雾灯继电器86端子→雾灯继电器线圈→雾灯继电器85端子→中央接线盒31搭铁线→中央接线盒D22端子→搭铁→蓄电池负极。

②中央接线盒X电源线→雾灯继电器30端子→雾灯继电器触点→雾灯继电器87端子→中央接线盒B20端子→雾灯开关正接线柱。

（3）前雾灯线路：
雾灯开关83a接线柱→中央接线盒B16端子→熔断丝S6→中央接线盒C22端子→前雾灯L22、L23→搭铁→蓄电池负极。

（4）后雾灯线路：
雾灯开关83b接线柱→中央接线盒B2端子→熔断丝S124→中央接线盒E10端子→后雾灯L20→搭铁→蓄电池负极。

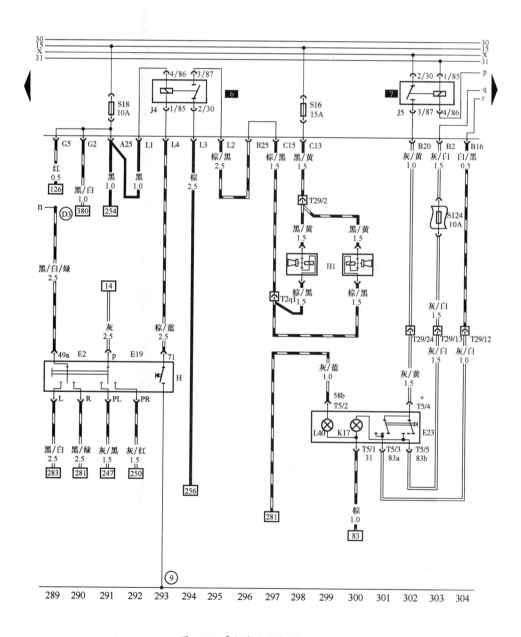

图4-86 雾灯线路图（三）

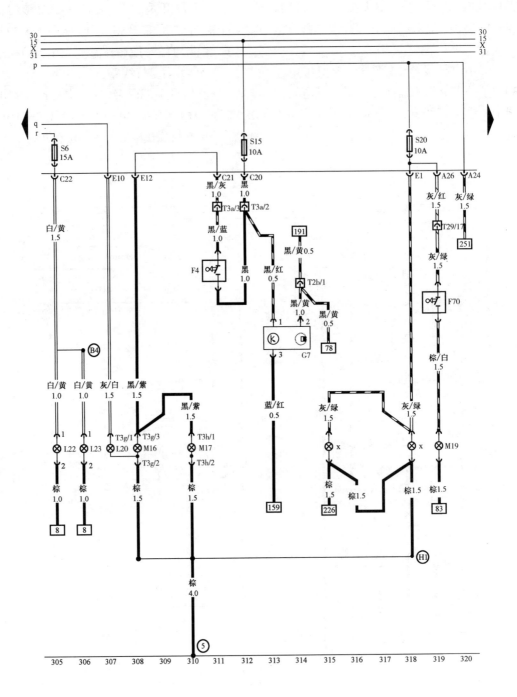

图4-87 雾灯线路图（四）

2 雾灯线路连接

雾灯线路连接所用端子、接线柱，如图4-88所示。具体连接步骤如下。

（1）连接蓄电池正极到中央接线盒P6端子，如图4-89所示。

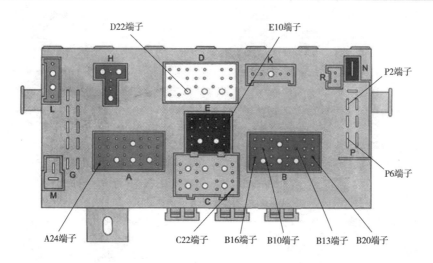

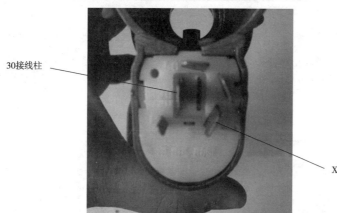

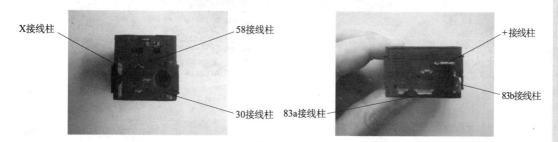

图4-88 雾灯线路连接所用端子、接线柱

图4-89 连接蓄电池正极到中央接线盒P6端子

（2）连接中央接线盒P2端子到点火开关30接线柱，如图4-90所示。

图4-90 连接中央接线盒P2端子到点火开关30接线柱

（3）连接点火开关X接线柱到灯光开关X接线柱，如图4-91所示。

图4-91 连接点火开关X接线柱到灯光开关X接线柱

（4）连接灯光开关X接线柱到中央接线盒B10端子，如图4-92所示。

图4-92 连接灯光开关X接线柱到中央接线盒B10端子

（5）连接中央接线盒B13端子到灯光开关30接线柱，如图4-93所示。

图4-93 连接中央接线盒B13端子到灯光开关30接线柱

图4-95 连接中央接线盒B20端子到雾灯开关正接线柱

（6）连接灯光开关58接线柱到中央接线盒A24端子，如图4-94所示。

（8）连接雾灯开关83a接线柱到中央接线盒B16端子，如图4-96所示。

图4-94 连接灯光开关58接线柱到中央接线盒A24端子

图4-96 连接雾灯开关83a接线柱到中央接线盒B16端子

（7）连接中央接线盒B20端子到雾灯开关正接线柱，如图4-95所示。

（9）连接中央接线盒C22端子到前雾灯L22、L23，如图4-97所示。

图4-97　连接中央接线盒C22端子到前雾灯L22、L23

（10）连接雾灯开关83b接线柱到熔断丝S124，如图4-98所示。

图4-98　连接雾灯开关83b接线柱到熔断丝S124

（11）连接熔断丝S124到中央接线盒B2端子，如图4-99所示。

图4-99　连接雾灯开关83b接线柱到中央接线盒B2端子

（12）连接中央接线盒E10端子到后雾灯L20，如图4-100所示。

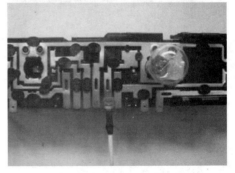

图4-100　连接中央接线盒E10端子到后雾灯L20

（13）连接前雾灯L22、L23到搭铁，如图4-101所示。

图4-101 连接前雾灯L22、L23到搭铁

（14）连接后雾灯L20到蓄电池负极，如图4-102所示。

图4-102 连接后雾灯L20到蓄电池负极

（15）连接中央接线盒D22端子到蓄电池负极，如图4-103所示。

图4-103 连接中央接线盒D22端子到蓄电池负极

三 转向灯、危险警告灯线路连接

转向灯、危险警告灯线路走向

图4-104~图4-108为桑塔纳2000汽车转向灯、危险警告灯线路图，具体线路走向如下。

（1）转向灯、危险警告灯电源线路：

蓄电池正极→中央接线盒P6端子→中央接线盒30电源线→中央接线盒P2端子→点火开关30接线柱→点火开关15接线柱→中央接线盒A8端子→中央接线盒15电源线。

（2）右转向灯线路：

中央接线盒15电源线→熔断丝S19→中央接线盒A13端子→危险警告灯开关15接线柱→危险警告灯开关49接线柱→中央接线盒A18端子→闪光继电器→中央接线盒A10端子→转向灯开关49a接线柱→转向灯开关R接线柱→中央接线盒A7端子→

中央接线盒C8、E11端子→右转向灯M7、M8→搭铁→蓄电池负极。

（3）左转向灯线路：

中央接线盒15电源线→熔断丝S19→中央接线盒A13端子→危险警告灯开关15接线柱→危险警告灯开关49接线柱→中央接线盒A18端子→闪光继电器→中央接线盒A10端子→转向灯开关49a接线柱→转向灯开关L接线柱→中央接线盒A20端子→中央接线盒C19、E6端子→左转向灯M5、M6→搭铁→蓄电池负极。

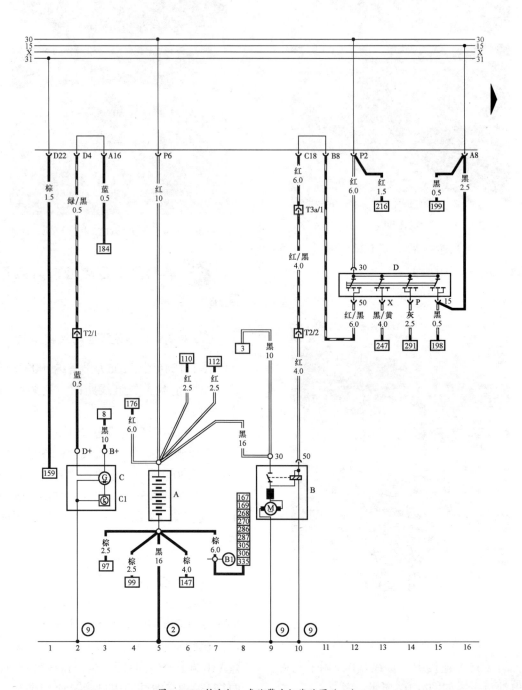

图4-104 转向灯、危险警告灯线路图（一）

（4）危险警告灯线路：

①中央接线盒30电源线→熔断丝S4→中央接线盒B28端子→危险警告灯30接线柱→危险警告灯开关49接线柱→中央接线盒A18端子→闪光继电器→中央接线盒A10端子→危险警告灯开关49a接线柱。

②危险警告灯开关R接线柱→中央接线盒A7端子→中央接线盒C8、E11端子→右转向灯M7、M8→搭铁→蓄电池负极。

③危险警告灯开关L接线柱→中央接线盒A20端子→中央接线盒C19、E6端子→左转向灯M5、M6→搭铁→蓄电池负极。

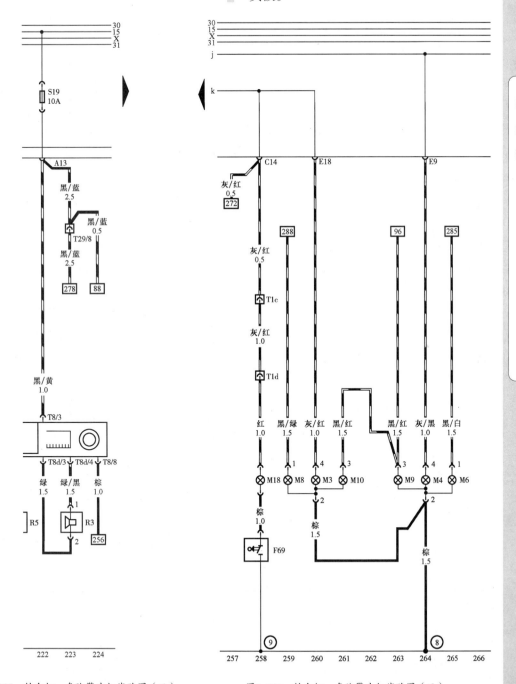

图4-105 转向灯、危险警告灯线路图（二）　　图4-106 转向灯、危险警告灯线路图（三）

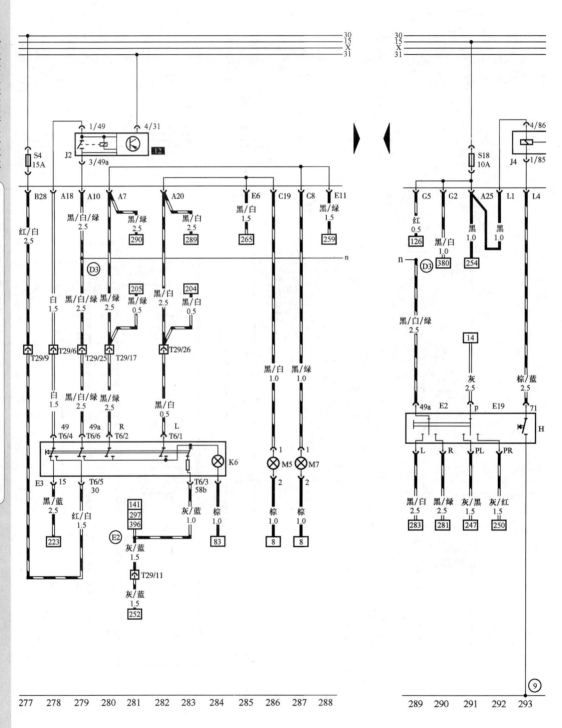

图4-107 转向灯、危险警告灯线路图（四）

图4-108 转向灯、危险警告灯线路图（五）

② 转向灯、危险警告灯线路连接

转向灯、危险警告灯线路连接所用端子、接线柱，如图4-109所示。具体连接步骤如下。

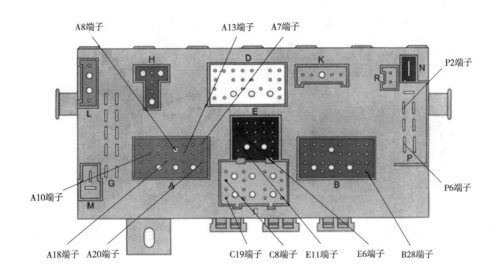

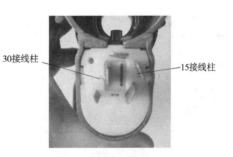
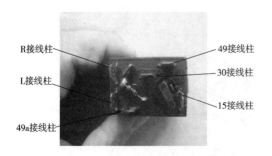

图4-109　转向灯、危险警告灯线路连接所用端子、接线柱

（1）连接蓄电池正极到中央接线盒P6端子，如图4-110所示。

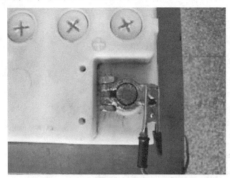

图4-110　连接蓄电池正极到中央接线盒P6端子

（2）连接中央接线盒P2端子到点火开关30接线柱，如图4-111所示。

图4-111　连接中央接线盒P2端子到点火开关30接线柱

（3）连接点火开关15接线柱到中央接线盒A8端子，如图4-112所示。

图4-112　连接点火开关15接线柱到中央接线盒A8端子

（4）连接中央接线盒B28端子到危险警告灯开关30接线柱，如图4-113所示。

图4-113　连接中央接线盒B28端子到危险警告灯开关30接线柱

（5）连接中央接线盒A13端子到危险警告灯开关15接线柱，如图4-114所示。

图4-114　连接中央接线盒A13端子到危险警告灯开关15接线柱

（6）连接危险警告灯开关49接线柱到中央接线盒A18端子，如图4-115所示。

图4-115　连接危险警告灯开关49接线柱到中央接线盒A18端子

（7）连接中央接线盒A10端子到转向灯开关49a接线柱，如图4-116所示。

图4-116　连接中央接线盒A10端子到转向灯开关49a接线柱

（8）连接转向灯开关R接线柱到中央接线盒A7端子，如图4-117所示。

图4-117　连接转向灯开关R接线柱到中央接线盒A7端子

项目四　灯光的构造与维护

（9）连接转向灯开关L接线柱到中央接线盒A20端子，如图4-118所示。

图4-118　连接转向灯开关L接线柱到中央接线盒A20端子

（10）连接中央接线盒A10端子到危险警告灯开关49a接线柱，如图4-119所示。

图4-119　连接中央接线盒A10端子到危险警告灯开关49a接线柱

（11）连接危险警告灯开关R接线柱到中央接线盒A7端子，如图4-120所示。

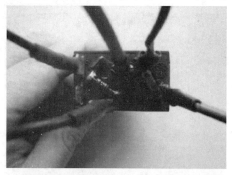

图4-120　连接危险警告灯开关R接线柱到中央接线盒A7端子

（12）连接危险警告灯开关L接线柱到中央接线盒A20端子，如图4-121所示。

图4-121　连接危险警告灯开关L接线柱到中央接线盒A20端子

（13）连接中央接线盒C8端子到右前转向灯M7，如图4-122所示。

图4-122　连接中央接线盒C8端子到右前转向灯M7

（14）连接中央接线盒E11端子到右后转向灯M8，如图4-123所示。

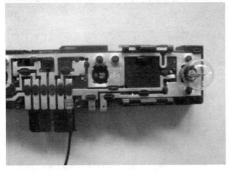

图4-123　连接中央接线盒E11端子到右后转向灯M8

（15）连接中央接线盒C19端子到左前转向灯M5，如图4-124所示。

图4-124　连接中央接线盒C19端子到左前转向灯M5

（16）连接中央接线盒E6端子到左后转向灯M6，如图4-125所示。

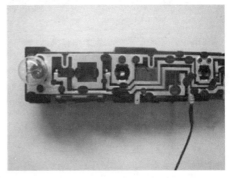

图4-125　连接中央接线盒E6端子到左后转向灯M6

（17）连接转向灯M5、M6、M7、M8到搭铁，如图4-126所示。

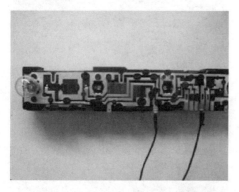

图4-126 连接转向灯M5、M6、M7、M8到搭铁

（18）连接中央接线盒D22端子到蓄电池负极，如图4-127所示。

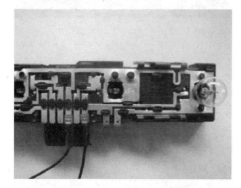

图 4-126

图4-127 连接中央接线盒D22端子到蓄电池负极

项目五

喇叭的构造与维护

 知识点

1. 掌握喇叭的功用和分类；
2. 了解电喇叭的结构；
3. 了解电动气喇叭的结构；
4. 掌握双音电喇叭的控制电路。

 技能点

1. 能正确进行卡罗拉汽车喇叭的检查与更换；
2. 能正确连接桑塔纳2000汽车喇叭线路。

 参考学时及教学组织安排

本项目总学时为12学时，其中：理论教学为4学时，示范为2学时，学生练习为6学时。

理论教学采用多媒体辅助教学，并结合实物讲解，使学生掌握喇叭的功用和分类、双音电喇叭的控制电路，了解电喇叭、电动气喇叭的结构。

实践教学采用项目教学法，根据实训设备的台套数，学生分组进行卡罗拉汽车喇叭的检查与更换和桑塔纳2000汽车喇叭线路连接的项目教学。老师讲解并示范操作步骤和注意事项，适时下达操作指令，并进行工位间巡视、检查、指导和纠正错误。

项目实施所需设备、器材

卡罗拉汽车

整车线路实训台

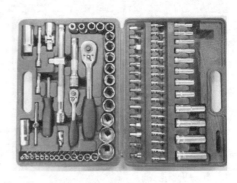

世达工具

任务 1 喇叭的结构认知

一 喇叭的功用

汽车上都装有喇叭,用来警告行人和其他车辆,以引起注意,保证行车安全。

二 喇叭的分类

喇叭按发音动力的不同分为电喇叭和气喇叭;按外形分为螺旋形喇叭、盆形喇叭、筒形喇叭,如图5-1所示;按声频分为高音喇叭和低音喇叭;按接线方式分有单线制喇叭和双线制喇叭;按有无触点分有普通电喇叭和电子电喇叭。

a) 螺旋形　　b) 盆形

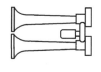

c) 筒形

图5-1　喇叭的外形

三 电喇叭的结构

电喇叭具有结构简单、体积小、质量轻、声音悦耳且维修方便的特点,广泛使用于各种类型的汽车上。

普通电喇叭的结构如图5-2所示,它是靠触点的闭合和断开,控制电磁线圈激励膜片振动而产生声音的。

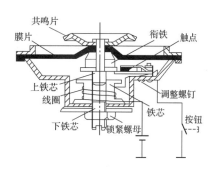

图5-2　普通电喇叭的结构

电子电喇叭主要由多谐振荡器和功率放大器组成,其电路图如图5-3所示。它是利用晶体管电路产生的脉冲激励膜片振动产生声音的。

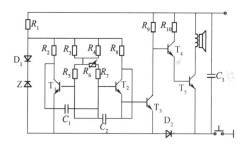

图5-3　电子电喇叭电路图

由于普通电喇叭触点易烧蚀氧化,因此,目前汽车大多采用电子电喇叭。电子电喇叭具有寿命长、音质好、不需调整、工作可靠等优点。

四 电动气喇叭的结构

电动气喇叭主要由电动气泵和气喇叭两部分组成,如图5-4所示。按下喇叭按钮时,直流电动机气泵运转,产生了压缩空气,压缩空气直接通入气喇叭,使喇叭产生声音。

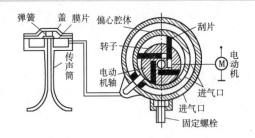

图 5-4 电动气喇叭的结构

五 双音电喇叭的控制电路

为了得到较为和谐悦耳的声音,在汽车上大多装有高、低音喇叭。由于2个喇叭消耗电流较大,为了保护喇叭按钮开关不被烧蚀,通常在喇叭电路中设有继电器,即用喇叭按钮控制继电器线圈的小电流,而用继电器触点控制喇叭所需的大电流。

双音电喇叭控制电路如图5-5所示。当按下喇叭按钮时,蓄电池便经喇叭继电器线圈形成回路,使继电器铁芯产生电磁吸力,将继电器触点闭合,接通双音电喇叭,喇叭产生声音。当松开喇叭按钮时,继电器线圈断电,铁芯电磁吸力消失,触点在自身弹力作用下张开,切断了双音电喇叭电路,双音电喇叭停止产生声音。

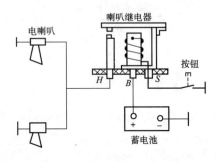

图 5-5 双音电喇叭的控制电路图

任务 2　喇叭的检查与更换

一、喇叭的检查

（1）将点火开关打开到ON挡位置，如图5-6所示。

图5-6　将点火开关打开到ON挡位置

（2）按动转向盘上的喇叭按钮，检查喇叭是否鸣响，如图5-7所示。

图5-7　按动转向盘上的喇叭按钮，检查喇叭是否鸣响

二、喇叭的更换

1. 喇叭的拆卸

（1）将蓄电池负极电缆断开，如图5-8所示。

图5-8　将蓄电池负极电缆断开

（2）用举升机将车辆举升，如图5-9所示。

图5-9　用举升机将车辆举升

（3）用10mm套筒、棘轮扳手拆下空气导流板10个固定螺栓，取下空气导流板，如图5-10所示。

图5-11 拔下高音喇叭插头,用10mm套筒、棘轮扳手拆下高音喇叭固定螺母,取下高音喇叭

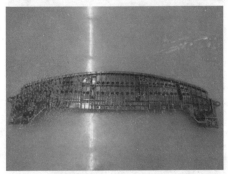

图5-10 用10mm套筒、棘轮扳手拆下空气导流板10个固定螺栓

（5）拔下低音喇叭插头,用10mm套筒、棘轮扳手拆下低音喇叭固定螺母,取下低音喇叭,如图5-12所示。

（4）拔下高音喇叭插头,用10mm套筒、棘轮扳手拆下高音喇叭固定螺母,取下高音喇叭,如图5-11所示。

图 5-11

图5-12 拔下低音喇叭插头,用10mm套筒、棘轮扳手拆下低音喇叭固定螺母,取下低音喇叭

2. 喇叭的安装

（1）用10mm套筒、棘轮扳手拧紧低音喇叭固定螺母，插上低音喇叭插头，如图5-13所示。

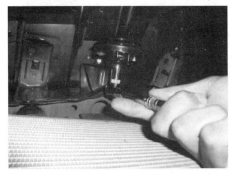

图5-13 用10mm套筒、棘轮扳手拧紧低音喇叭固定螺母，插上低音喇叭插头

（2）用10mm套筒、棘轮扳手拧紧高音喇叭固定螺母，插上高音喇叭插头，如图5-14所示。

提示

高、低音喇叭固定螺母的拧紧力矩为5.5N·m。

图 5-14

图5-14 用10mm套筒、棘轮扳手拧紧高音喇叭固定螺母，插上高音喇叭插头

（3）用10mm套筒、棘轮扳手拧紧空气导流板10个固定螺栓，如图5-15所示。

图5-15 用10mm套筒、棘轮扳手拧紧空气导流板10个固定螺栓

提示

空气导流板固定螺栓的拧紧力矩为5.5N·m。

（4）用举升机降下车辆，如图5-16所示。

图5-16 用举升机降下车辆

（5）安装蓄电池负极电缆，如图5-17所示。

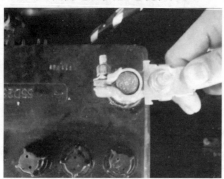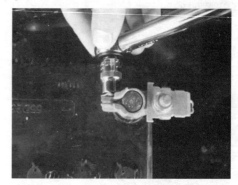

图5-17　安装蓄电池负极电缆

任务 3　喇叭线路连接

一　喇叭线路走向

图5-18、图5-19为桑塔纳2000汽车喇叭线路图，具体线路走向如下。

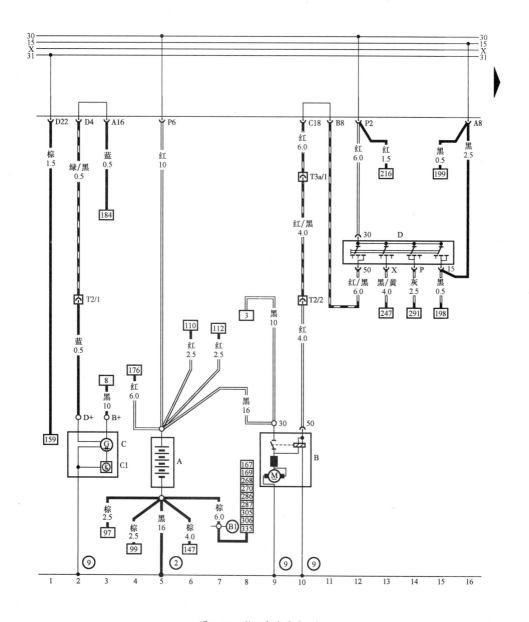

图5-18　喇叭线路图（一）

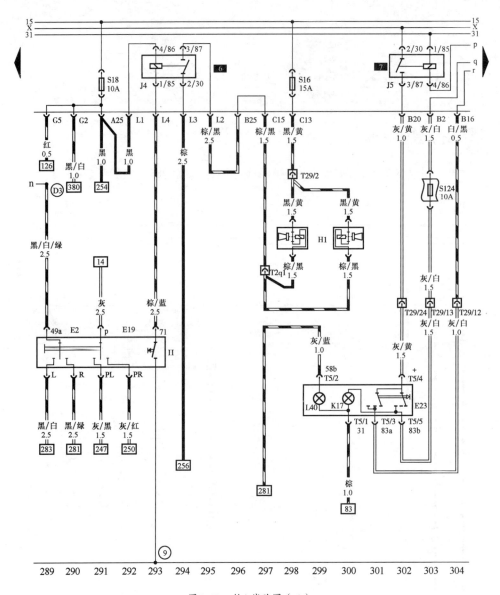

图5-19 喇叭线路图（二）

（1）蓄电池正极→中央接线盒P6端子→中央接线盒30电源线→中央接线盒P2端子→点火开关30接线柱→点火开关15接线柱→中央接线盒A8端子→中央接线盒15电源线。

（2）中央接线盒15电源线→熔断丝S18→中央接线盒A25端子→中央接线盒L1端子→喇叭继电器86端子→喇叭继电器线圈→喇叭继电器85端子→中央接线盒L4端子→喇叭开关71接线柱→搭铁→蓄电池负极。

（3）中央接线盒15电源线→熔断丝S16→中央接线盒C13端子→双音喇叭→中央接线盒C15端子→中央接线盒B25端子→中央接线盒L2端子→喇叭继电器67端子→喇叭继电器触点→喇叭继电器30端子→中央接线盒L3端子→搭铁→蓄电池负极。

二、喇叭线路连接

喇叭线路连接所用端子、接线柱如图5-20所示。具体连接步骤如下。

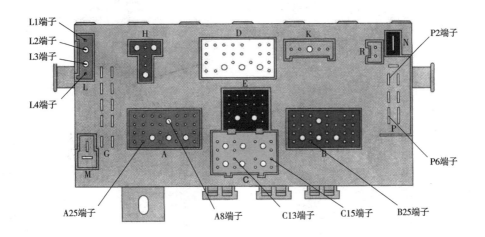

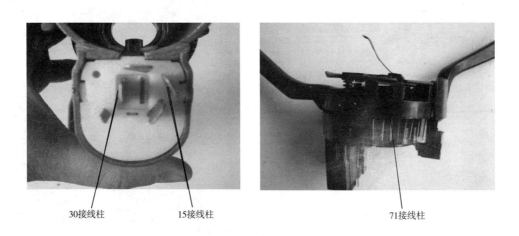

图5-20　喇叭线路连接所用端子、接线柱

(1) 连接蓄电池正极到中央接线盒P6端子,如图5-21所示。

图5-21 连接蓄电池正极到中央接线盒P6端子

(2) 连接中央接线盒P2端子到点火开关30接线柱,如图5-22所示。

图5-22 连接中央接线盒P2端子到点火开关30接线柱

(3) 连接点火开关15接线柱到中央接线盒A8端子,如图5-23所示。

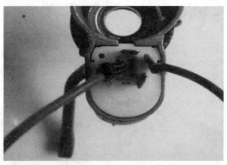

图5-23 连接点火开关15接线柱到中央接线盒A8端子

(4) 连接中央接线盒A25端子到中央接线盒L1端子,如图5-24所示。

图5-24 连接中央接线盒A25端子到中央接线盒L1端子

（5）连接中央接线盒L4端子到喇叭开关71接线柱，如图5-25所示。

图5-25 连接中央接线盒L4端子到喇叭开关71接线柱

（6）连接中央接线盒C13端子到双音喇叭接线柱，如图5-26所示。

图5-26 连接中央接线盒C13端子到双音喇叭接线柱

（7）连接双音喇叭接线柱到中央接线盒C15端子，如图5-27所示。

图5-27 连接双音喇叭接线柱到中央接线盒C15端子

（8）连接中央接线盒B25端子到中央接线盒L2端子，如图5-28所示。

图5-28 连接中央接线盒B25端子到中央接线盒L2端子

（9）连接中央接线盒L3端子到蓄电池负极，如图5-29所示。

图5-29　连接中央接线盒L3端子到蓄电池负极

项目六

风窗刮水器的构造与维护

知识点

1. 掌握风窗刮水器的功用和分类；
2. 掌握电动风窗刮水器的组成和工作原理；
3. 掌握风窗玻璃洗涤装置的功用和组成。

技能点

1. 能正确进行卡罗拉汽车风窗刮水器电动机的检查与更换；
2. 能正确连接桑塔纳2000汽车风窗刮水器线路。

参考学时及教学组织安排

本项目总学时为18学时，其中：理论教学为4学时，示范为2学时，学生练习为12学时。

理论教学采用多媒体辅助教学，并结合实物讲解，使学生掌握风窗刮水器的功用和分类、电动风窗刮水器的组成和工作原理、风窗玻璃洗涤装置的功用和组成。

实践教学采用项目教学法，根据实训设备的台套数，学生分组进行卡罗拉汽车风窗刮水器电动机的检查与更换和桑塔纳2000汽车风窗刮水器线路连接的项目教学。老师讲解并示范操作步骤和注意事项，适时下达操作指令，并进行工位间巡视、检查、指导和纠正错误。

项目实施所需设备、器材

卡罗拉汽车

整车线路实训台

一字螺丝刀

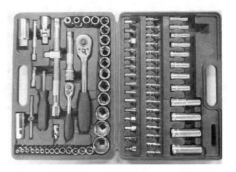

世达工具

任务 1 风窗刮水器的结构认知

一 风窗刮水器的功用

为保证行车时驾驶人具有良好的视线，通常在汽车的前风窗玻璃上安装有刮水器，用于刮除黏附于风窗玻璃上的雨水、积雪或灰尘等，以确保行车安全。一般汽车的前风窗玻璃上安装有一个或两个刮水片，如图6-1所示；部分汽车在后风窗玻璃上也安装有一个刮水片，如图6-2所示；一些高档轿车还在前照灯上安装两个刮水片。

图6-1 前风窗玻璃刮水片

图6-2 后风窗玻璃刮水片

二 风窗刮水器的分类

汽车上采用的风窗刮水器根据动力源不同可分为真空式、气动式和电动式。由于电动式风窗刮水器具有动力大、工作可靠、容易控制、不受发动机工况影响等优点，目前在汽车上得到广泛应用。

三 电动风窗刮水器的组成和工作原理

电动风窗刮水器主要由直流电动机、蜗轮箱、曲柄、连杆、摆杆、摆臂及刮水片等组成，如图6-3所示。一般电动机和蜗轮箱结合成一体组成刮水器电动机总成，如图6-4所示。曲柄、连杆、摆杆等杆件将蜗轮旋转运动转变为摆臂的往复摆动，使摆臂上的刮水片实现刮水动作。

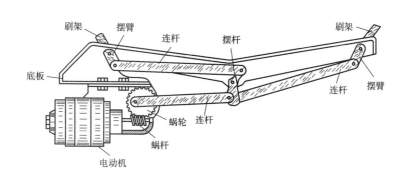

图6-3 电动风窗刮水器的组成

图6-4 刮水器电动机总成

四、风窗玻璃洗涤装置的功用

汽车在行驶时，会有一些泥土和灰尘落在风窗玻璃上，遮挡驾驶人的视线。风窗玻璃洗涤装置的功用就是在需要的情况下向风窗玻璃表面喷洒专用洗涤液或水，在刮水片的配合工作下，保持风窗玻璃表面的清洁。

五、风窗玻璃洗涤装置的组成

风窗玻璃洗涤装置主要由储液罐、洗涤泵、输液管、喷嘴等组成，如图6-5所示。

储液罐中常用的洗涤液是硬度不超过205×10^{-6}的清水。为了能刮除风窗玻璃上的油、蜡等物，可在水中添加少量的去垢剂和防锈剂。

洗涤泵一般直接安装在储液罐上，由永磁式直流电动机和离心叶片泵组成，喷射压力可达70~88kPa。

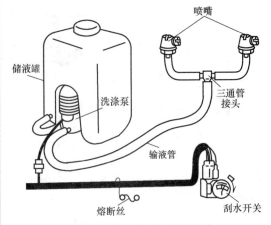

图6-5 风窗玻璃洗涤装置的组成

喷嘴可分为圆形、方形、扁形，喷嘴的喷头是一个球体，使用时用大头针插入内孔，稍稍用力即可调整其朝向，洗涤液喷射到目标面积。喷嘴堵塞时，也可用细钢丝进行疏通，如图6-6所示。

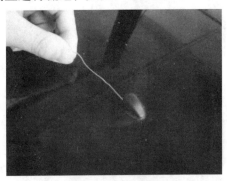

图6-6 喷嘴堵塞时，用细钢丝进行疏通

任务 2 风窗刮水器电动机的检查与更换

一、风窗刮水器电动机的检查

（1）将点火开关打开到ON挡位置，如图6-7所示。

图6-7　将点火开关打开到ON挡位置

（2）点动挡检查。将风窗刮水器开关向上拨动，检查风窗刮水器电动机是否低速运转。松开后，风窗刮水器开关应回到关闭位置，如图6-8所示。

图6-8　将风窗刮水器开关向上拨动，松开后，应回到关闭位置

（3）间歇挡检查。将风窗刮水器开关向下拨动1挡，检查风窗刮水器电动机是否间歇性运转，如图6-9所示。

图6-9　将风窗刮水器开关向下拨动1挡

（4）低速挡检查。将风窗刮水器开关向下拨动2挡，检查风窗刮水器电动机是否低速运转，如图6-10所示。

图6-10　将风窗刮水器开关向下拨动2挡

（5）高速挡检查。将风窗刮水器开关向下拨动3挡，检查风窗刮水器电动机是否高速运转，如图6-11所示。

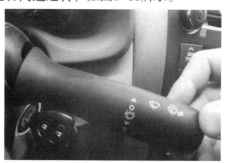

图6-11　将风窗刮水器开关向下拨动3挡

（6）风窗洗涤挡检查。将风窗刮水器开关向上扳动，检查喷嘴是否喷水，风窗刮水器电动机是否低速运转，如图6-12所示。

图6-12　将风窗刮水器开关向上扳动

提示

风窗刮水器电动机的性能检查完成时，应观察刮水片是否回到风窗玻璃下沿位置。

二、风窗刮水器电动机的更换

1. 风窗刮水器电动机的拆卸

（1）将风窗刮水器开关和点火开关关闭，如图6-13所示。

图6-13　将风窗刮水器开关和点火开关关闭

（2）将蓄电池负极电缆断开，如图6-14所示。

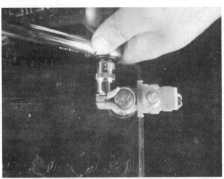

图6-14　将蓄电池负极电缆断开

（3）从左、右刮水器臂上取下刮水片，如图6-15所示。

图6-15　从左、右刮水器臂上取下刮水片

（4）用一字螺丝刀拆下左、右刮水器臂端盖，如图6-16所示。

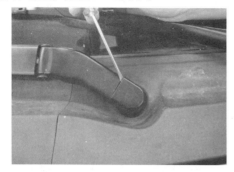

图6-16 用一字螺丝刀拆下左、右刮水器臂端盖

（5）用15mm套筒、棘轮扳手拆下左、右刮水器臂固定螺母，取下左、右刮水器臂，如图6-17所示。

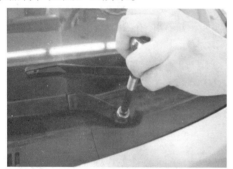

图6-17 用15mm套筒、棘轮扳手拆下左、右刮水器臂固定螺母，取下左、右刮水器臂

（6）拆下发动机罩与前围上板密封条，如图6-18所示。

图6-18 拆下发动机罩与前围上板密封条

（7）拆下右前围板上通风栅板，如图6-19所示。

图6-19 拆下右前围板上通风栅板

（8）拆下左前围板上通风栅板，如图6-20所示。

图6-20 拆下左前围板上通风栅板

（9）拔下风窗刮水器电动机插头，如图6-21所示。

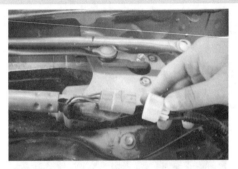

图6-21　拔下风窗刮水器电动机插头

（10）用10mm套筒、棘轮扳手拆下风窗刮水器电动机和连杆总成的2个固定螺栓，如图6-22所示。

图6-22　用10mm套筒、棘轮扳手拆下风窗刮水器电动机和连杆总成的2个固定螺栓

（11）取下风窗刮水器电动机和连杆总成，如图6-23所示。

图6-23　取下风窗刮水器电动机和连杆总成

（12）用12mm扳手拆下风窗刮水器连杆总成与电动机电枢轴固定螺母，如图6-24所示。

图6-24　用12mm扳手拆下风窗刮水器连杆总成与电动机电枢轴固定螺母

（13）将风窗刮水器连杆与电动机电枢轴脱开，如图6-25所示。

图6-25　将风窗刮水器连杆与电动机电枢轴脱开

（14）用10mm套筒、棘轮扳手拆下风窗刮水器电动机的3个固定螺栓，如图6-26所示。

图6-26　用10mm套筒、棘轮扳手拆下风窗刮水器电动机的3个固定螺栓

（15）将风窗刮水器电动机与连杆总成脱开，如图6-27所示。

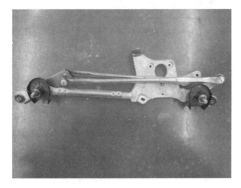

图6-27　将风窗刮水器电动机与连杆总成脱开

2. 风窗刮水器电动机的安装

（1）用10mm套筒、棘轮扳手拧紧风窗刮水器电动机的3个固定螺栓，将风窗刮水器电动机与连杆总成紧固，如图6-28所示。

图6-28　用10mm套筒、棘轮扳手拧紧风窗刮水器电动机的3个固定螺栓

提示

风窗刮水器电动机固定螺栓的拧紧力矩为5.4N·m。

（2）用12mm扳手拧紧风窗刮水器连杆总成与电动机电枢轴的固定螺母，如图6-29所示。

图6-29　用12mm扳手拧紧风窗刮水器连杆总成与电动机电枢轴的固定螺母

提示

安装时，应注意保持风窗刮水器连杆总成的位置与拆卸前一致。风窗刮水器连杆总成与电动机电枢轴固定螺母的拧紧力矩为14N·m。

（3）将风窗刮水器电动机和连杆总成安装到汽车上，如图6-30所示。

图6-30　将风窗刮水器电动机和连杆总成安装到汽车上

（4）用10mm套筒、棘轮扳手拧紧风窗刮水器电动机和连杆总成的2个固定螺栓，如图6-31所示。

图6-31 用10mm套筒、棘轮扳手拧紧风窗刮水器电动机和连杆总成的2个固定螺栓

 提示

风窗刮水器电动机和连杆总成固定螺栓的拧紧力矩为5.5N·m。

（5）插上风窗刮水器电动机插头，如图6-32所示。

图6-32 插上风窗刮水器电动机插头

（6）安装左前围板上通风栅板，如图6-33所示。

图6-33 安装左前围板上通风栅板

（7）安装右前围板上通风栅板，如图6-34所示。

图6-34 安装右前围板上通风栅板

（8）安装发动机罩与前围上板密封条，如图6-35所示。

图6-35 安装发动机罩与前围上板密封条

（9）安装右刮水器臂，用15mm套筒、棘轮扳手拧紧其固定螺母，并安装其端盖，如图6-36所示。

图 6-36

图6-36 安装右刮水器臂,用15mm套筒、棘轮扳手拧紧其固定螺母,并安装其端盖

提示

安装右刮水器臂时应注意其位置,如图6-37所示。A的测量值为17.5～32.5mm。右刮水器臂固定螺母的拧紧力矩为26N·m。

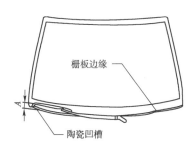

图6-37 右刮水器臂安装位置图

(10)安装左刮水器臂,用15mm套筒、棘轮扳手拧紧其固定螺母,并安装其端盖,如图6-38所示。

图 6-38

图6-38 安装左刮水器臂,用15mm套筒、棘轮扳手拧紧其固定螺母,并安装其端盖

提示

安装左刮水器臂时应注意其位置,如图6-39所示。A的测量值为22.5～32.5mm。左刮水器臂固定螺母的拧紧力矩为26N·m。

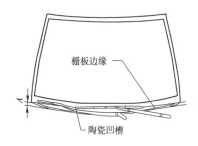

图6-39 左刮水器臂安装位置图

(11)安装左、右刮水片,如图6-40所示。

(12)安装蓄电池负极电缆,如图6-41所示。

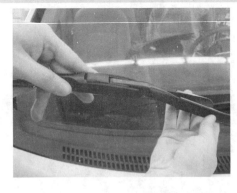

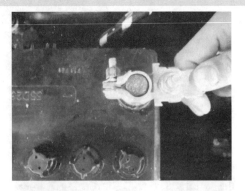

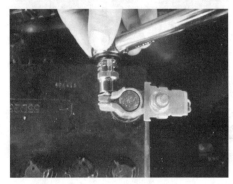

图6-40　安装左、右刮水片　　　　　　　图6-41　安装蓄电池负极电缆

任务 3 风窗刮水器线路连接

一 风窗刮水器线路走向

图6-42~图6-44为桑塔纳2000汽车风窗刮水器线路图，具体线路走向如下。

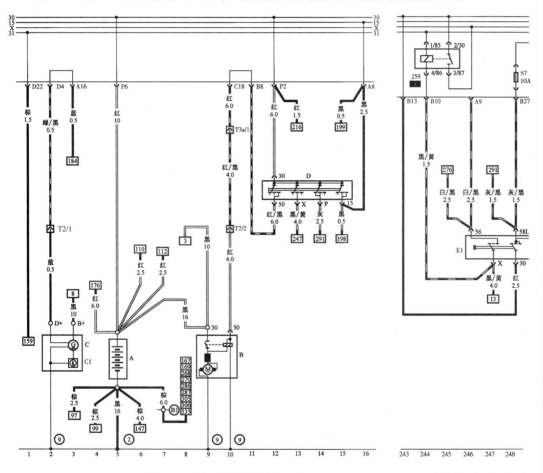

图6-42 风窗刮水器线路图（一）　　图6-43 风窗刮水器线路图（二）

1 风窗刮水器电源线路

（1）蓄电池正极→中央接线盒P6端子→中央接线盒30电源线→中央接线盒P2端子→点火开关30接线柱→点火开关15接线柱→点火开关X接线柱→灯光开关X接线柱→中央接线盒B10端子→卸荷继电器86端子→卸荷继电器线圈→卸荷继电器85端子→中央接线盒31搭铁线→中央接线盒D22→搭铁→蓄电池负极。

（2）中央接线盒30电源线→卸荷继电器30端子→卸荷继电器触点→卸荷继电器87端子→中央接线盒X电源线。

2 风窗刮水器慢挡线路

中央接线盒X电源线→熔断丝S11→

中央接线盒B9端子→风窗刮水器开关53a接线柱→风窗刮水器开关53接线柱→中央接线盒A2端子→刮水继电器53S端子→刮水继电器触点→刮水继电器53M端子→中央接线盒D12端子→风窗刮水器电动机53接线柱→风窗刮水器电动机→风窗刮水器电动机31接线柱→搭铁→蓄电池负极。

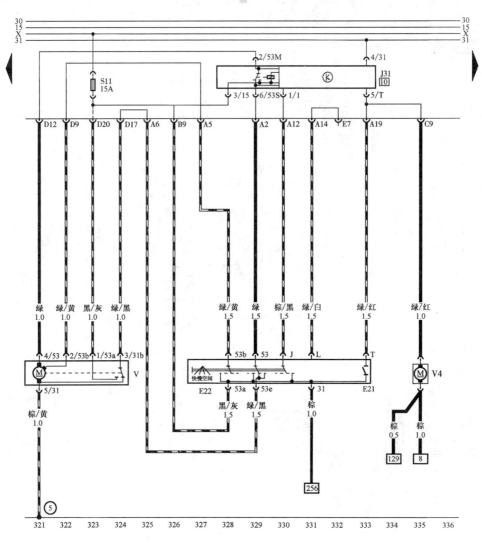

图6-44　风窗刮水器线路图（三）

风窗刮水器电动机正、负电刷间隔180°，电枢轴以42~52r/min的转速旋转，风窗玻璃上的刮水片慢速刮摆。

(3) 风窗刮水器快挡线路

中央接线盒X电源线→熔断丝S11→中央接线盒B9端子→风窗刮水器开关53a接线柱→风窗刮水器开关53b接线柱→中央接线盒A5端子→中央接线盒D9端子→风窗刮水器电动机53b接线柱→风窗刮水器电动机→风窗刮水器电动机31接线柱→搭铁→蓄电池负极。

风窗刮水器电动机电刷偏置，电枢轴以62~80r/min的转速旋转，风窗玻璃上的刮水片快速刮摆。

④ 风窗刮水器间歇挡线路

（1）中央接线盒X电源线→熔断丝S11→中央接线盒B9端子→风窗刮水器开关53a接线柱→风窗刮水器开关J接线柱→中央接线盒A12端子→刮水继电器L端子→刮水继电器内部电路→刮水继电器31端子→中央接线盒31搭铁线→搭铁→蓄电池负极。

（2）中央接线盒X电源线→熔断丝S11→刮水继电器15端子→刮水继电器触点→刮水继电器53M端子→中央接线盒D12端子→风窗刮水器电动机53接线柱→风窗刮水器电动机→风窗刮水器电动机31接线柱→搭铁→蓄电池负极。

风窗刮水器电动机在间歇工作状态时，受刮水器继电器控制，每6s工作一次。

⑤ 风窗刮水器自动复位线路

中央接线盒X电源线→熔断丝S11→中央接线盒D20端子→风窗刮水器电动机53a接线柱→风窗刮水器电动机31b接线柱→中央接线盒D17端子→中央接线盒A6端子→风窗刮水器开关53e接线柱→风窗刮水器开关53接线柱→中央接线盒A2端子→刮水继电器53S端子→刮水继电器触点→刮水继电器53M端子→中央接线盒D12端子→风窗刮水器电动机53接线柱→风窗刮水器电动机→风窗刮水器电动机31接线柱→搭铁→蓄电池负极。

在风窗刮水器电动机上设有自动复位开关，用于保证风窗刮水器停机时，刮水片处于风窗玻璃下边沿位置。

⑥ 风窗洗涤器线路

中央接线盒X电源线→熔断丝S11→中央接线盒B9端子→风窗刮水器开关53a接线柱→风窗刮水器开关T接线柱→中央接线盒A19端子→中央接线盒C9端子→风窗洗涤泵+接线柱→风窗洗涤泵-接线柱→搭铁→蓄电池负极。

二 风窗刮水器线路连接

风窗刮水器线路连接所用端子、接线柱，如图6-45所示。具体连接步骤如下。

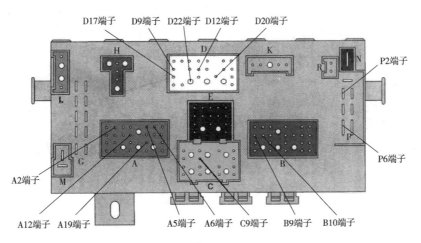

图 6-45

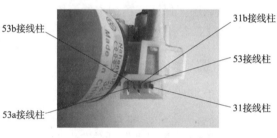

图6-45　风窗刮水器线路连接所用端子、接线柱

（1）连接蓄电池正极到中央接线盒P6端子，如图6-46所示。

（2）连接中央接线盒P2端子到点火开关30接线柱，如图6-47所示。

图6-46　连接蓄电池正极到中央接线盒P6端子

图6-47　连接中央接线盒P2端子到点火开关30接线柱

（3）连接点火开关X接线柱到灯光开关X接线柱，如图6-48所示。

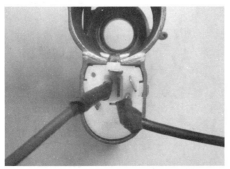

图6-48　连接点火开关X接线柱到灯光开关X接线柱

（4）连接灯光开关X接线柱到中央接线盒B10端子，如图6-49所示。

图6-49　连接灯光开关X接线柱到中央接线盒B10端子

（5）连接中央接线盒B9端子到风窗刮水器开关53a接线柱，如图6-50所示。

图6-50　连接中央接线盒B9端子到风窗刮水器开关53a接线柱

（6）连接中央接线盒A6端子到风窗刮水器开关53e接线柱，如图6-51所示。

图6-51　连接中央接线盒A6端子到风窗刮水器开关53e接线柱

（7）连接中央接线盒A5端子到风窗刮水器开关53b接线柱，如图6-52所示。

图6-52　连接中央接线盒A5端子到风窗刮水器开关53b接线柱

（8）连接中央接线盒A2端子到风窗刮水器开关53接线柱，如图6-53所示。

图6-53　连接中央接线盒A2端子到风窗刮水器开关53接线柱

（9）连接中央接线盒A12端子到风窗刮水器开关J接线柱，如图6-54所示。

（10）连接中央接线盒A19端子到风窗刮水器开关T接线柱，如图6-55所示。

图6-54　连接中央接线盒A12端子到风窗刮水器开关J接线柱

图6-55　连接中央接线盒A19端子到风窗刮水器开关T接线柱

（11）连接中央接线盒D12端子到风窗刮水器电动机53接线柱，如图6-56所示。

图6-56

图6-56　连接中央接线盒D12端子到风窗刮水器电动机53接线柱

（12）连接中央接线盒D9端子到风窗刮水器电动机53b接线柱，如图6-57所示。

图6-57　连接中央接线盒D9端子到风窗刮水器电动机53b接线柱

（13）连接中央接线盒D20端子到风窗刮水器电动机53a接线柱，如图6-58所示。

（14）连接中央接线盒D17端子到风窗刮水器电动机31b接线柱，如图6-59所示。

图　6-58

图6-58　连接中央接线盒D20端子到风窗刮水器电动机53a接线柱

图6-59　连接中央接线盒D17端子到风窗刮水器电动机31b接线柱

（15）连接中央接线盒C9端子到风窗洗涤泵+接线柱，如图6-60所示。

图6-60　连接中央接线盒C9端子到风窗洗涤泵+接线柱

项目六　风窗刮水器的构造与维护

（16）连接风窗刮水器开关31接线柱到搭铁，如图6-61所示。

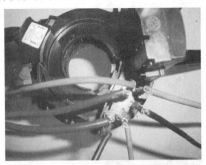

图6-61 连接风窗刮水器开关31接线柱到搭铁

（17）连接风窗刮水器电动机31接线柱到搭铁，如图6-62所示。

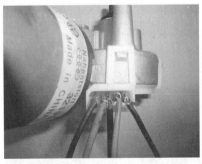

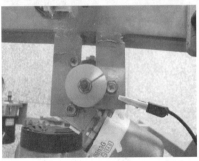

图6-62 连接风窗刮水器电动机31接线柱到搭铁

（18）连接风窗洗涤泵-接线柱到搭铁，如图6-63所示。

图6-63 连接风窗洗涤泵-接线柱到蓄电池负极

（19）连接中央接线盒D22端子到蓄电池负极，如图6-64所示。

图6-64 连接中央接线盒D22端子到蓄电池负极

项目七

开关的检查与更换

 知识点

1. 掌握点火开关的功用和组成；
2. 掌握转向灯开关的功用；
3. 掌握制动灯开关的功用。

 技能点

1. 能正确对卡罗拉汽车点火开关进行检查与更换；
2. 能正确对卡罗拉汽车转向灯开关进行检查与更换；
3. 能正确对卡罗拉汽车制动灯开关进行检查与更换。

 参考学时及教学组织安排

　　本项目总学时为18学时，其中：理论教学为1学时，示范为3学时，学生练习为14学时。

　　理论教学采用多媒体辅助教学，并结合实物讲解，使学生掌握点火开关的功用和组成、转向灯开关的功用、制动灯开关的功用。

　　实践教学采用项目教学法，根据实训设备的台套数，学生分组进行卡罗拉汽车点火开关、转向灯开关、制动灯开关的检查与更换的项目教学。老师讲解并示范操作步骤和注意事项，适时下达操作指令，并进行工位间巡视、检查、指导和纠正错误。

项目实施所需设备、器材

卡罗拉汽车

数字式万用表

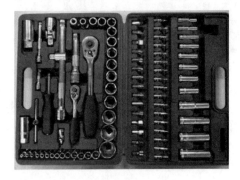

世达工具

一字螺丝刀

记号笔

任务 1　点火开关的检查与更换

一　点火开关的功用

点火开关主要用来接通或断开发动机点火电路、控制起动电路、发电机励磁电路、仪表电路及其他辅助电气设备的电路。

二　点火开关的组成

现代汽车通常采用锁式点火开关，它一般安装在转向柱或仪表台上。锁式点火开关通常由锁芯和点火开关组成。钥匙插入锁芯后，可转动锁芯，使与锁芯相连接的开关接通或断开相关电路。现代许多汽车的点火开关中设有防盗装置，钥匙中放置防盗芯片，只有钥匙芯片发出的信息通过点火开关传送到防盗电脑被确认后，才能够起动发动机。点火开关通常有LOCK挡、ACC挡、ON挡、START挡。

三　点火开关的检查与更换

1. 点火开关的拆卸

（1）将蓄电池负极电缆断开，如图7-1所示。

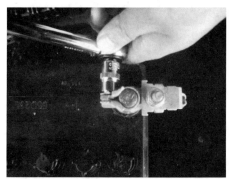

图　7-1

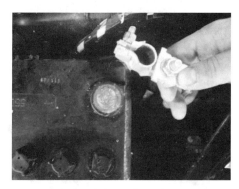

图7-1　将蓄电池负极电缆断开

提示

断开蓄电池负极电缆后，至少等待90s，以防治气囊和安全带预紧器激活。

（2）将转向盘调整到中间位置，保持转向车轮为直线行驶状态，如图7-2所示。

图7-2　将转向盘调整到中间位置

提示

调整车轮为直线行驶状态，便于确定转向盘的正确安装位置。当汽车直线行驶时，可保持转向盘位于中间位置。

（3）用一字螺丝刀拆下转向盘左、右下盖，如图7-3所示。

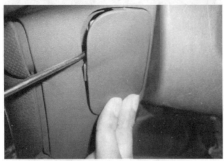

图7-3 拆下转向盘左、右下盖

（4）用梅花套筒、棘轮扳手拆下转向盘装饰盖2个固定螺栓，如图7-4所示。

图7-4 拆下转向盘装饰盖2个固定螺栓

（5）取下转向盘装饰盖及安全气囊总成，如图7-5所示。

图7-5 取下转向盘装饰盖及安全气囊总成

取下转向盘装饰盖及安全气囊总成时，不要拉动安全气囊线束。

（6）拔下喇叭导线，如图7-6所示。

图7-6 拔下喇叭导线

（7）用一字螺丝刀断开安全气囊线束插头锁块，拔下插头，如图7-7所示。

图7-7 用一字螺丝刀断开安全气囊线束插头锁块，拔下插头

（8）取出转向盘装饰盖及安全气囊总成，如图7-8所示。

图7-8　取出转向盘装饰盖及安全气囊总成

（9）拔下喇叭导线插头，如图7-9所示。

图7-9　拔下喇叭导线插头

（10）用记号笔在转向盘总成和转向主轴上做装配标记，如图7-10所示。

图7-10　用记号笔在转向盘总成和转向主轴上做装配标记

（11）用19mm套筒、棘轮扳手拆下转向盘总成固定螺母，取下固定螺母，如图7-11所示。

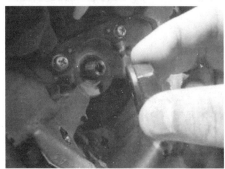

图7-11　拆下转向盘总成固定螺母，取下固定螺母

（12）取下转向盘总成，如图7-12所示。

图7-12　取下转向盘总成

（13）取下转向柱上、下护罩，如图7-13所示。

图　7-13

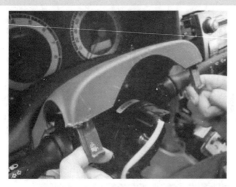

图7-13　取下转向柱上、下护罩

（14）拔下螺旋电缆插头，脱开3个卡子，取下螺旋电缆总成，如图7-14所示。

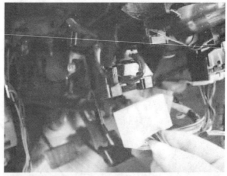

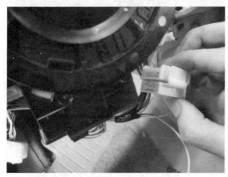

图7-15　拔下灯光组合开关插头、风窗刮水器开关插头

（16）用尖嘴钳或鲤鱼钳松开灯光组合开关及风窗刮水器开关总成的夹箍，取下开关总成，如图7-16所示。

图7-14　拔下螺旋电缆插头，取下螺旋电缆总成

（15）拔下灯光组合开关插头、风窗刮水器开关插头，如图7-15所示。

图　7-16

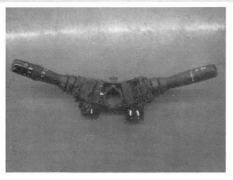

图7-16 用尖嘴钳或鲤鱼钳松开开关总成的夹箍，取下开关总成

（17）拔下点火开关插头，取下点火开关总成，如图7-17所示。

图7-17 取下点火开关总成

卡罗拉汽车点火开关总成需在锥头螺栓钻孔，使用螺钉取出器取出，如图7-18、图7-19所示。

图7-18 点火开关总成锥头螺栓

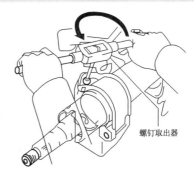

图7-19 使用螺钉取出器取出锥头螺栓

2 点火开关的检查

图7-20、图7-21为卡罗拉汽车点火开关线路图、插头针脚图。

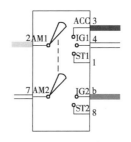

图7-20 点火开关线路图

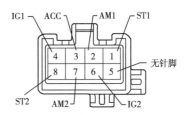

图7-21 点火开关插头针脚图

（1）点火开关ACC挡检查。将点火开关打开到ACC挡位置，如图7-22所示。同时将万用表测量挡位置于电阻200Ω挡位，测量点火开关2号和3号针脚的电阻，如图7-23所示。如果电阻小于1Ω，ACC挡正常；如果电阻为∞，ACC挡损坏，如图7-24、图7-25所示。

项目七 开关的检查与更换

127

图7-22 将点火开关打开到ACC挡位置

图7-23 测量点火开关2号和3号针脚的电阻

图7-24 电阻小于1Ω

图7-25 电阻为∞

同时将万用表测量挡位置于电阻200Ω挡位，测量点火开关2号和4号针脚、6号和7号针脚的电阻，如图7-27、图7-28所示。如果电阻小于1Ω，ON挡正常；如果电阻为∞，ON挡损坏。

图7-26 将点火开关打开到ON挡位置

图7-27 测量点火开关2号和4号针脚

图7-28 测量点火开关6号和7号针脚

（2）点火开关ON挡检查。将点火开关打开到ON挡位置，如图7-26所示。

（3）点火开关START挡检查。将点火开关打开到START挡位置，如图7-29所示。同时将万用表测量挡位置于电阻200Ω挡位，测量点火开关1号和2号针脚、7号和8号针脚的电阻，如图7-30、图7-31所示。如果电阻小于1Ω，START挡正常；如果电阻为∞，START挡损坏。

图7-29　将点火开关打开到ON挡位置

图7-30　测量点火开关1号和2号针脚

图7-31　测量点火开关7号和8号针脚

3 点火开关的安装

（1）插上点火开关插头，如图7-32所示。

图7-32　插上点火开关插头

（2）安装灯光组合开关及风窗刮水器开关总成，如图7-33所示。

图7-33　安装灯光组合开关及风窗刮水器开关总成

（3）插上灯光组合开关及风窗刮水器开关总成插头，如图7-34所示。

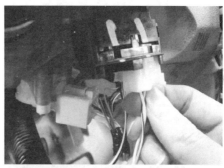

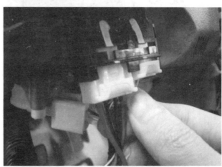

图7-34　插上灯光组合开关及风窗刮水器开关总成插头

（4）安装螺旋电缆总成，如图7-35所示。

项目七　开关的检查与更换

129

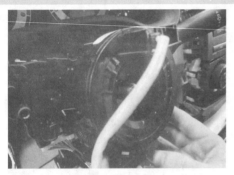

图7-35 安装螺旋电缆总成

（5）插上螺旋电缆总成插头，如图7-36所示。

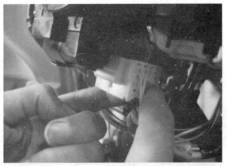

图7-36 插上螺旋电缆总成插头

（6）逆时针缓慢旋转螺旋电缆，直至感觉牢固，再顺时针旋转螺旋电缆2.5圈，以对准标记，如图7-37、图7-38所示。

图7-37 旋转螺旋电缆

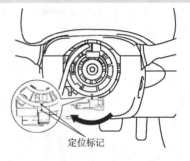

图7-38 对准标记

（7）安装转向柱上、下护罩，如图7-39所示。

图7-39 安装转向柱上、下护罩

（8）安装转向盘总成，如图7-40所示。

图7-40 安装转向盘总成

安装时应注意对正转向盘总成和转向主轴上的装配标记。

（9）安装转向盘总成固定螺母，如图7-41所示。

图7-41　安装转向盘总成固定螺母

（10）用19mm套筒、棘轮扳手拧紧转向盘总成固定螺母，如图7-42所示。

图7-42　用19mm套筒、棘轮扳手拧紧转向盘总成固定螺母

转向盘总成固定螺母的拧紧力矩为50N·m。

（11）插上喇叭导线插头，如图7-43所示。

图7-43　插上喇叭导线插头

（12）插上安全气囊线束插头，并按下锁块，如图7-44所示。

图7-44　插上安全气囊线束插头

（13）安装喇叭导线，如图7-45所示。

图7-45　安装喇叭导线

（14）安装转向盘装饰盖及安全气囊总成，如图7-46所示。

图7-46　安装转向盘装饰盖及安全气囊总成

（15）用梅花套筒、棘轮扳手拧紧转向盘装饰盖2个固定螺栓，如图7-47所示。

图7-47 用梅花套筒、棘轮扳手拧紧转向盘装饰盖2个固定螺栓

转向盘装饰盖固定螺栓的拧紧力矩为2.4N·m。

(16)安装转向盘左、右下盖,如图7-48所示。

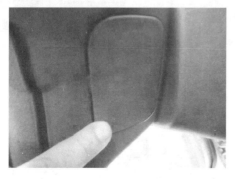

图 7-48

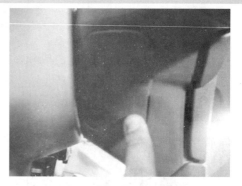

图7-48 安装转向盘左、右下盖

(17)安装蓄电池负极电缆,如图7-49所示。

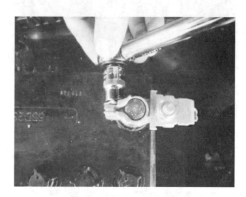

图7-49 安装蓄电池负极电缆

任务 2 转向灯开关的检查与更换

一 转向灯开关的功用

当汽车需要转向或变更车道时，驾驶人通过转向灯开关接通左侧或右侧转向灯电路，使转向灯闪烁，示意汽车行驶方向，以提醒其他车辆注意，避免发生交通事故。

二 转向灯开关的更换

卡罗拉汽车的转向灯开关位于灯光组合开关内部，更换方法可参照更换点火开关的方法进行更换。

三 转向灯开关的检查

图7-50、图7-51为卡罗拉汽车转向灯开关线路图和灯光组合开关插头针脚图。

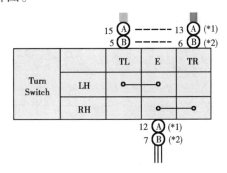

图7-50 转向灯开关线路图

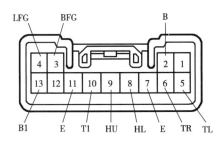

图7-51 灯光组合开关插头针脚图

（1）转向灯开关左侧挡检查。将转向灯开关打开到左侧挡位置，同时将万用表测量挡位置于电阻200Ω挡位，测量灯光组合开关5号和7号针脚的电阻，如图7-52所示。如果电阻小于1Ω，左侧挡正常；如果电阻为∞，左侧挡损坏。

图7-52 测量灯光组合开关5号和7号针脚的电阻

（2）转向灯开关右侧挡检查。将转向灯开关打开到右侧挡位置，同时将万用表测量挡位置于电阻200Ω挡位，测量灯光组合开关6号和7号针脚的电阻，如图7-53所示。如果电阻小于1Ω，右侧挡正常；如果电阻为∞，右侧挡损坏。

图7-53 测量灯光组合开关6号和7号针脚的电阻

任务 3　制动灯开关的检查与更换

一　制动灯开关的功用

制动灯开关用于接通或断开制动灯电路、点亮或熄灭制动灯。踩下制动踏板时，左、右制动灯点亮，提示后面车辆注意保持安全距离，以免发生追尾事故。

二　制动灯开关的检查与更换

1. 制动灯开关的拆卸

（1）将蓄电池负极电缆断开，如图7-54所示。

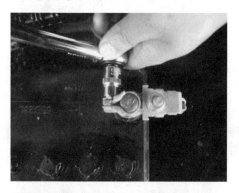

图7-54　将蓄电池负极电缆断开

（2）取下仪表板下罩盖，如图7-55所示。

图7-55　取下仪表板下罩盖

（3）拔下制动灯开关插头，如图7-56所示。

图7-56　拔下制动灯开关插头

（4）逆时针旋转制动灯开关，取下制动灯开关，如图7-57所示。

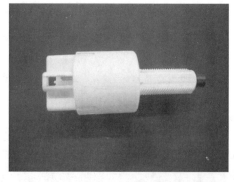

图7-57　制动灯开关

② 制动灯开关的检查

图7-58、图7-59为卡罗拉汽车制动灯开关线路图、插头针脚图。

图7-58 制动灯开关线路图

图7-59 制动灯开关插头针脚图

（1）将万用表测量挡位置于电阻200Ω挡位，测量制动灯开关1号和2号针脚的电阻，如图7-60所示。如果电阻为∞，制动灯开关正常；如果电阻小于1Ω，制动灯开关损坏。

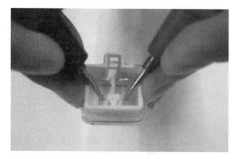

图7-60 测量制动灯开关1号和2号针脚的电阻

（2）将万用表测量挡位置于电阻200Ω挡位，测量制动灯开关3号和4号针脚的电阻，如图7-61所示。如果电阻小于1Ω，制动灯开关正常；如果电阻为∞，制动灯开关损坏。

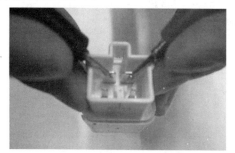

图7-61 测量制动灯开关3号和4号针脚的电阻

（3）按下制动灯开关，如图7-62所示。将万用表测量挡位置于电阻200Ω挡位，测量制动灯开关1号和2号针脚的电阻。如果电阻小于1Ω，制动灯开关正常；如果电阻为∞，制动灯开关损坏。

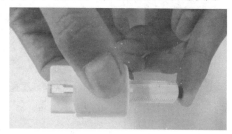

图7-62 按下制动灯开关

（4）按下制动灯开关，将万用表测量挡位置于电阻200Ω挡位，测量制动灯开关3号和4号针脚的电阻。如果电阻为∞，制动灯开关正常；如果电阻小于1Ω，制动灯开关损坏。

③ 制动灯开关的安装

（1）顺时针旋转制动灯开关，插上制动灯开关插头，如图7-63所示。

图7-63 按下制动灯开关

（2）安装仪表板下罩盖，如图7-64所示。

图7-64 安装仪表板下罩盖

（3）安装蓄电池负极电缆，如图7-65所示。

 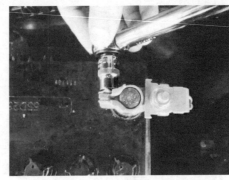

图7-65　安装蓄电池负极电缆

项目八

汽车空调系统的构造与维护

知识点

1. 掌握汽车空调系统的功能；
2. 掌握汽车空调系统的组成及工作原理。

技能点

1. 能正确对汽车空调系统进行检漏；
2. 能正确进行汽车空调制冷剂的回收、加注。

参考学时及教学组织安排

本项目总学时为24学时，其中：理论教学为4学时；示范为4学时，学生练习为16学时。

理论教学采用多媒体辅助教学，并结合实物讲解，使学生掌握汽车空调系统的组成及工作原理。

实践教学采用项目教学法，根据实训设备的台套数，学生分组进行汽车空调系统的检漏和汽车空调制冷剂的回收、加注项目教学。老师讲解并示范操作步骤和注意事项，适时下达操作指令，并进行工位间巡视、检查、指导和纠正错误。

项目实施所需设备、器材

卡罗拉汽车

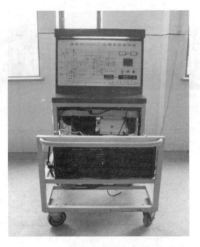

汽车空调实训台架

AC350C制冷剂回收加注机

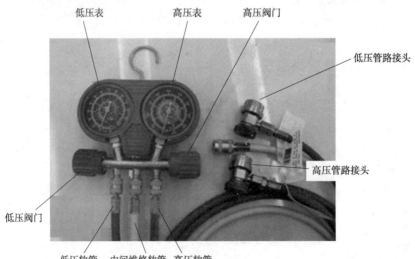

歧管压力表组

制冷剂注入阀

真空泵

电子检漏仪

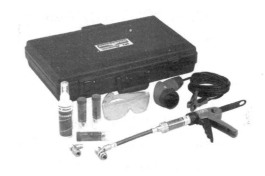
荧光检漏仪

项目八 汽车空调系统的构造与维护

任务 1 汽车空调系统的结构认知

一、汽车空调系统的功能

汽车空调是对汽车车厢内空气进行调节的装置。它能创造出车厢内舒适的环境，保持车厢内空气的温度、湿度、流速、洁净度等在热舒适性的标准范围内。不仅有利于驾乘人员身体健康，提高工作效率和生活质量，而且还增加了汽车行驶的安全性。其主要功能有以下几个方面。

（1）调节温度：汽车空调通过取暖系统在冬季使车厢内温度达18℃以上，并能除去风窗玻璃上的霜（雾）；在夏季制冷系统使车厢内温度保持在25℃左右。

（2）调节湿度：通过制冷系统和取暖系统可以进行除湿，它通过制冷装置冷却，去除空气中的水分，再由采暖装置升温以降低空气中的相对湿度，保持车厢内湿度合适。普通空调一般不具备这种功能，只有高级轿车采用冷暖一体化空调器，才能对车厢内的湿度进行适量的调节。湿度保持在40%～60%为宜。

（3）调节气流：用于调节车厢内的气体以一定的风速和方向流动，并进行通风换气，保持车厢内有足够的新鲜空气和适合的风速。

（4）净化空气：空气中含有灰尘及一些有害物质，通过净化装置滤除空气中灰尘、吸附有害物质、对空气进行消毒处理。

二、汽车空调系统的组成及工作原理

汽车空调系统主要由制冷系统、取暖系统、通风系统、空气净化系统和控制系统组成。

1. 制冷系统

1) 组成

汽车空调制冷系统分为膨胀阀式和节流管式，如图8-1、图8-2所示。系统主要由制冷剂、压缩机、冷凝器、蒸发器、节流装置、过滤装置、空调管路等组成。

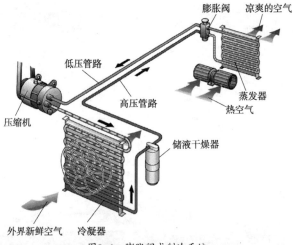

图8-1 膨胀阀式制冷系统

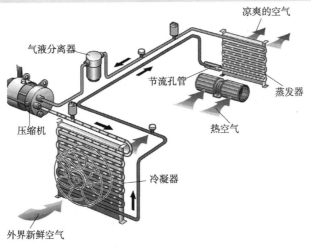

图8-2 节流管式制冷系统

（1）制冷剂。制冷剂是制冷系统中的一种工作介质，通过自身的"相态"变化来实现热交换，从而达到制冷的效果。常用的制冷剂有R12和R134a，如图8-3、图8-4所示。

图8-3　R12制冷剂　　图8-4　R134a制冷剂

（2）空调压缩机。空调压缩机是汽车空调制冷装置的心脏、动力元件，用来压缩和输送制冷剂，如图8-5所示。空调压缩机分为定排量压缩机和变排量压缩机。

图8-5　空调压缩机

（3）冷凝器。冷凝器是一种热交换器，如图8-6所示。它是把来自压缩机的高温高压气体通过管壁和翅片将其中的热量传递给冷凝器周围的空气。

图8-6　冷凝器

（4）蒸发器。蒸发器也是一种热交换器，如图8-7所示。它利用低温的冷凝液体通过蒸发器，与外界的空气进行热交换，气化吸热，达到制冷的效果。

图8-7　蒸发器

（5）节流装置。常用的节流装置有膨胀阀和节流管两种类型，如图8-8、图8-9所示。它是汽车制冷中的重要部件，起到节流降压、调节流量、防止"液击"和防止异常过热的控制作用。

图8-8　膨胀阀

图8-9　节流管

（6）过滤装置。常用的过滤装置有储液干燥器和集液器两种类型，如图8-10、图8-11所示。它起到存储制冷剂，并对系统中的水分和杂质进行干燥和过滤的作用。

图8-10　储液干燥器

图8-11　集液器

（7）空调管路。空调管路（图8-12）起到将制冷系统各部件连接在一起的作用。为了维持系统的相似流速，空调管路的直径会有所不同，以适应两种压力、温度状况。

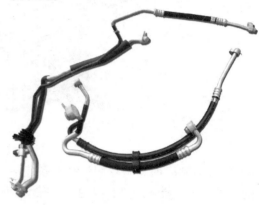

图8-12　空调管路

2）工作原理

汽车空调制冷系统的工作原理如图8-13所示，它主要由四个过程完成。

（1）压缩过程。压缩机吸入蒸发器出来的低温低压的气态制冷剂把其压缩成为高温高压的气态制冷剂送入冷凝器，此过程的主要目的是为了提高制冷剂的沸点，为下一个过程做好准备。

（2）冷凝过程。高温高压气态制冷剂进入冷凝器，通过冷却风扇和汽车行驶过程中的空气流动对冷凝器进行散热，使高温高压气态制冷剂冷凝成为中温高压的液态制冷剂然后进入储液干燥器进行过滤杂质和干燥水分。

（3）节流过程。经过过滤之后的中温高压的液态制冷剂经过膨胀阀进行节流降压之后变成低温低压的雾状制冷剂。

（4）蒸发过程。低温低压的雾状制冷剂进入蒸发器，吸收鼓风机送进来的热空气的热量变成气态制冷剂进入压缩机，进行下一轮循环。在此过程中，鼓风机送进来的热空气的热量被蒸发器内的制冷剂吸收变为冷空气，从而达到车厢内降温和除湿的效果。

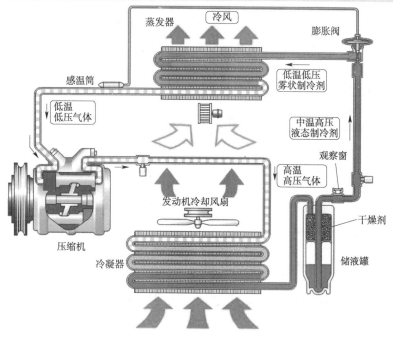

图8-13 制冷系统工作原理图

2 取暖系统

1）作用

汽车空调取暖系统的作用是将冷空气送入加热器芯，吸收冷却液的热量将冷空气加热，并将热空气送入车厢内进行取暖。

2）组成

汽车空调取暖系统主要由鼓风机、加热器芯、操控装置等组成，如图8-14所示。取暖系统的操控装置主要有空气混合型和流量控制型两种类型，如图8-15、图8-16所示。

3）工作原理

当发动机冷却液温度较高时，冷却液流过暖风系统中的加热器芯，将鼓风机送来的空气与发动机冷液进行热交换，空气加热后被鼓风机通过各出风口送入车厢内。

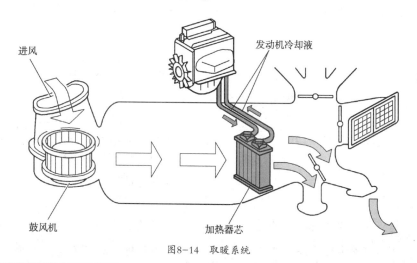

图8-14 取暖系统

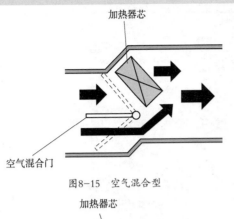

图8-15 空气混合型

图8-16 流量控制型

3 通风系统

1）作用

汽车空调通风系统的作用是将外部新鲜空气引入车厢内，并将车厢内污浊的空气排出车厢外，从而实现车辆通风，如图8-17所示。

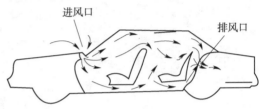

图8-17 通风系统

汽车空调配气系统的作用是将汽车车厢内或车厢外未经调节的空气，经过鼓风机送至蒸发器或加热器处，被调节成冷气或暖气的空气流，根据出风模式变化从不同的出风口吹出，如图8-18所示。

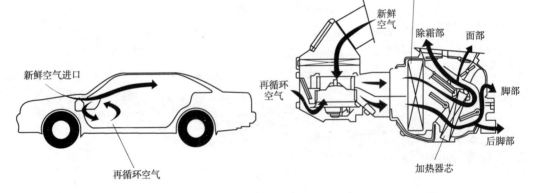

图8-18 配气系统

2）组成

汽车空调通风系统由进气模式风门、鼓风机、空气混合模式风门、出风模式风门、导风管等组成，如图8-19所示。

4 空气净化系统

1）作用

汽车空调空气净化系统的作用是对车内污浊的空气进行除尘、脱臭、杀菌，使车厢内空气保持清新洁净。

2）组成

汽车空调空气净化系统一般由鼓风机、空气滤清器、各出风口等组成，如图8-20所示。在一些高级轿车上，除了使用空调滤清器外，还装用了负氧离子发生器，以增加空气中负离子含量，改善车厢内空气质量，提高舒适性，使车厢内空气更加清新洁净，利于人体健康。

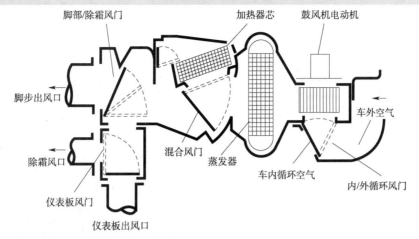

图8-19 配气系统的组成

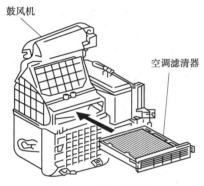

图8-20 空气净化系统

⑤ 控制系统

1)作用

汽车空调控制系统的作用通过将手动空调控制模式或自动空调控制模式的设定值与车厢内外空气环境条件的对比计算,从而实现对上述四个系统的整体控制,以满足驾乘人员的主观舒适性要求。

2)组成

汽车空调控制系统主要由控制面板和空调电气控制系统两大部分组成。空调电气控制系统根据驾驶人操作空调控制面板的指令来控制各个执行元件的工作情况。空调电气控制系统主要由空调开关、环境温度传感器、蒸发器温度传感器、风扇控制器、空调控制单元、空调压力传感器、鼓风机电动机、鼓风机开关、压缩机电磁离合器、冷凝器风扇电动机等组成。

任务 2 汽车空调系统的检漏

制冷剂泄漏是汽车空调系统最常见的故障之一,制冷剂严重泄漏将会导致空调制冷系统不制冷或制冷不足。由于制冷剂无色、无味,所以对制冷剂的检漏存在一定的困难,可以采用多种方法,有时也需要借助一些仪器设备。目前,制冷剂的检漏有观察法检漏、肥皂泡沫法检漏、电子检漏仪检漏、荧光法检漏、加压法检漏、真空检漏等方法。

一、观察法检漏

观察法检漏是指用眼睛查看制冷系统(特别是制冷系统的管路接头)部位有否冷冻机油渗漏痕迹的一种检漏方法,如图8-21所示。因为制冷剂通常与冷冻机油互溶,所以在泄漏处必然也带出冷冻机油,因此系统管道有油迹的部位就是泄漏处。

图8-21 检查管路接头是否有油污

二、肥皂泡沫法检漏

肥皂泡沫法检漏就是在怀疑泄漏区域,涂上肥皂液,如有泄漏点,该处必然起肥皂泡沫,如图8-22所示。此法简单易行,是目前修理行业常用的方法,但现在汽车各种构件布置得越来越紧凑,有些部位及检修死角,用此法不易检查出来。

图 8-21

图 8-22

图8-22 肥皂泡沫法检漏

三 电子检漏仪检漏

电子检漏仪分为R12电子检漏仪、R134a电子检漏仪和多功能电子检漏仪等。目前最常用的是多功能电子检漏仪,它既能检测R12又能检测R134a,如图8-23所示。

图8-23 电子检漏仪

1 TIFXP-1A电子检漏仪介绍

TIFXP-1A电子检漏仪功能键如图8-24所示。

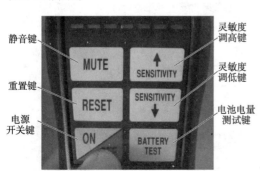

图8-24 TIFXP-1A电子检漏仪功能键

2 电子检漏仪检漏的操作流程

(1)将高、低压管路接头与高、低压注入阀相连接,打开高、低压手动阀,如图8-25、图8-26所示。

图8-25 连接高、低压管路接头

图8-26 打开高、低压手动阀

(2)检查系统高、低静态压力是否大于350kPa,如图8-27所示。根据汽车空调制冷剂回收、净化、加注工艺规范(JT/T 774—2010),压力大于350kPa可以采用电子检漏仪检漏。

图8-27 检查系统高、低静态压力是否大于350kPa

(3)打开电子检漏仪电源键,如图8-28所示。

图8-28 打开电子检漏仪电源键

（4）调节电子检漏仪灵敏度，如图8-29所示。灵敏度一般调整至指示灯红色显示2~3格为合适。

图8-29 调节电子检漏仪灵敏度

（5）使用电子检漏仪对系统各部位进行检漏，如图8-30～图8-37所示。如果检测部位有泄漏，蜂鸣器响声频率会增加。当电子检漏仪报警时，按下重置键，此后只有更高浓度的制冷剂含量时，才会报警。可重复此步骤，直至找到泄漏源。

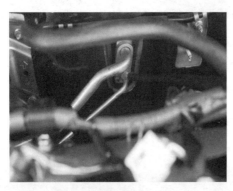

图8-30 膨胀阀管路连接处

图8-31 高压检修阀口处

图8-32 低压检修阀口处

图8-33 低压管路连接处

图8-34 空调软管处

图8-35 空调压缩机管路连接处

图8-36 空调压缩机油封处

图8-37 冷凝器管路连接处

（6）检漏完成后，关闭电源键。

四、荧光法检漏

用荧光检测系统制冷剂泄漏部位，需要借助于专用注入装置把荧光剂示踪溶液加入到空调系统中，如图8-38所示。使空调系统运转几分钟，让示踪溶液充分扩散。然后用紫外线灯照射空调系统的各个部件和连接处，在紫外线灯的照射下，泄漏的部位会呈明亮的黄绿光。

图8-38 荧光法检漏

ROBINAIR 16350荧光式检漏仪介绍

ROBINAIR 16350荧光式检漏仪的结构如图8-39所示。

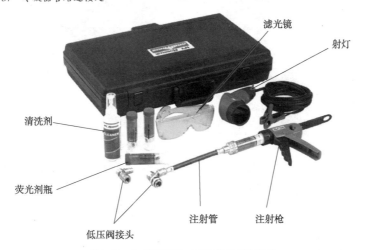

图8-39 ROBINAIR 16350荧光式检漏仪

② ROBINAIR 16350荧光式检漏仪

检漏的操作流程

（1）安装注射枪推杆，如图8-40所示。

图8-40　安装注射枪推杆

（2）将荧光剂瓶与注射枪相连接，如图8-41所示。

图8-41　连接荧光剂瓶与注射枪

（3）将注射管与荧光剂瓶相连接，如图8-42所示。

图8-42　连接注射管与荧光剂瓶

（4）将注射管低压阀接头与低压注入阀相连接，如图8-43所示。

（5）按下注射枪手柄，将荧光剂注入空调系统中，如图8-44所示。加注前，应确保空调系统无压力。加注荧光剂后，应补充适量制冷剂，使空调系统运转。

图8-43　连接注射管低压阀接头与低压注入阀

图8-44　按下注射枪手柄，将荧光剂注入空调系统

（6）运行空调系统15min以上，使荧光剂与制冷剂充分混合。

（7）戴上滤光镜，用射灯照射空调管路及部件，如图8-45所示。如果有黄绿色的光，说明该处有泄漏，如图8-46所示。

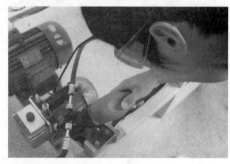

图8-45　戴上滤光镜，用射灯照射

图8-46　黄绿色光的泄漏点

（8）检漏完成后，用清洗剂清洗泄漏部位。

五 加压法检漏

加压法检漏是指将少量制冷剂及一定压力的氮气加入制冷系统中，再用观察法、肥皂泡沫法、电子检漏仪、荧光法进行检漏的一种方法，如图8-47所示。这种方法常用于空调制冷系统中的制冷剂全部漏光时的检漏。在高压条件下操作时，尽量不要用空气压缩机打压或制冷系统本身的压缩机打压，因为这样会使一部分水分带入制冷系统。

六 真空法检漏

真空法检漏是指对制冷系统抽真空以后，保持系统真空状态一段时间（至少30min），观察系统中的真空压力表指针是否移动的一种检漏方法。如压力表指针没有变化，则说明系统无泄漏，如压力表指针回升，则说明系统有泄漏，如图8-48所示。采用真空法检漏，只能说明制冷系统是否泄漏，而不能确定泄漏的具体部位。

图8-47　加压法检漏

图8-48　观察压力表指针是否移动

项目八　汽车空调系统的构造与维护

任务 3 汽车空调制冷剂的回收、加注

一、汽车空调制冷剂回收、加注常用工具

1. 歧管压力表组

歧管压力表组（图8-49）是维修汽车空调系统必不可少的重要设备，空调系统充注制冷剂、添加冷冻机油、系统抽真空等基本作业都离不开歧管压力表组，汽车空调系统故障诊断与排除也需要此设备。

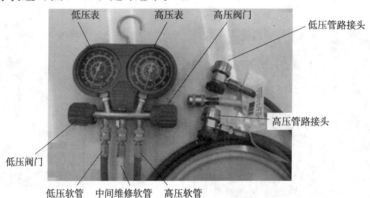

图8-49 歧管压力表组

2. 制冷剂注入阀

制冷剂注入阀是打开小容量制冷剂罐的专用工具，它利用蝶形手柄前部的针阀刺破制冷剂罐，通过螺纹接头把制冷剂引入歧管压力表组件，如图8-50所示。

图8-50 制冷剂注入阀

3. 真空泵

真空泵是空调系统抽真空的必备设备，如图8-51所示。空调系统初次加注制冷剂前，或拆卸更换系统零部件后，必须对系统进行抽真空操作，然后才能充注制冷剂。抽真空的目的是把系统中的空气和水分排出，系统内产生真空后降低了水的沸点，水在较低的温度下沸腾或汽化，以蒸汽形式从系统内抽出。

图8-51 真空泵

4 制冷剂回收加注机

在修理汽车空调的过程中经常要拆开空调系统，如果将制冷剂排入到大气中，既浪费又污染环境。因此可使用制冷剂回收加注机将制冷剂回收，回收的制冷剂可继续使用，同时它还具有系统抽真空、加注制冷剂和冷冻机油、测量系统压力等功能，如图8-52所示。

二、汽车空调制冷剂的回收、加注

1 AC350C制冷剂回收加注机介绍

AC350C制冷剂回收加注机外观及控制面板介绍如图8-53~图8-55所示。

图8-52　AC350C制冷剂回收加注机

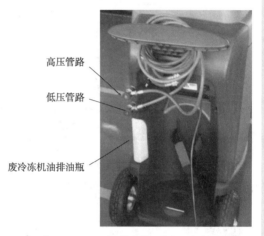

图8-53　AC350C制冷剂回收加注机侧面

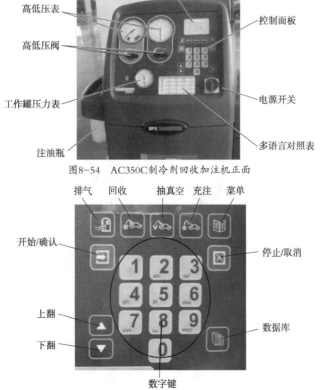

图8-54　AC350C制冷剂回收加注机正面

图8-55　AC350C制冷剂回收加注机控制面板

2 AC350C制冷剂回收加注机的操作流程

(1) 打开回收加注机的电源开关，显示屏上显示工作罐质量，如图8-56、图8-57所示。

图8-56 打开电源开关

图8-57 开机界面

(2) 取下高、低压阀帽，如图8-58所示。

图8-58 取下高、低压阀帽

(3) 将高、低压管路接头与高、低压注入阀相连接，打开高、低压手动阀，如图8-59、图8-60所示。

图8-59 连接高、低压管路接头

图8-60 打开高、低压手动阀

(4) 起动发动机，将发动机转速控制在1500~2000r/min，运行空调系统3~5min，如图8-61、图8-62所示。

图8-61 发动机转速控制在1500~2000r/min

图8-62 运行空调系统

（5）关闭空调系统，发动机熄火，按下"回收"键，如图8-63、图8-64所示。

图8-63　按下"回收"键

图8-64　回收界面

（6）打开高、低压阀门，按下"确认"键进入回收程序，如图8-65所示。

图8-65　打开高、低压阀门

（7）回收加注机进行制冷剂回收，如图8-66所示。在回收过程中，应不断的观察压力表指针。当低压压力到达-68.95kPa时，继续回收1min，随后按"取消"键，停止回收，如图8-67所示。

（8）回收完成后，显示回收的制冷剂量，准备下一步进行排废油，如图8-68所示。

图8-66　回收过程界面

图8-67　回收完成压力表指针

图8-68　回收完成界面

（9）检查排油瓶的初始油面刻度并记录，如图8-69所示。

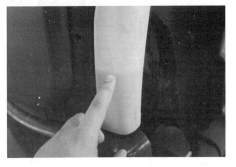

图8-69　检查排油瓶初始油面刻度

（10）按下"确认"键，显示正在排废油，如图8-70、图8-71所示。

图8-70　排油过程界面

图8-71　排油完成界面

（11）等待一段时间，排油瓶无气泡后，检查排油瓶液面，并计算出冷冻机油的排出量，如图8-72所示。冷冻机油排出量=回收后的排油瓶液面刻度-回收前的排油瓶液面刻度。

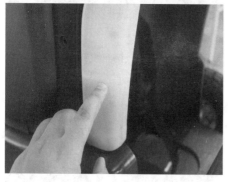

图8-72　检查回收后排油瓶液面

（12）按下"取消"键，查看回收后工作罐质量并计算制冷剂的回收量，如图8-73所示。制冷剂回收量=回收后的罐重-回收前的罐重。

图8-73　检查回收后的罐重

（13）按下"抽真空"键，按数字键设定抽真空时间5min，如图8-74、图8-75所示。为了更好地完成系统抽真空，充分排除制冷系统中的空气水分，抽真空时间应不少于15min。一般采用两次抽真空法，时间分别为5min和10min。

图8-74　按下"抽真空"键

图8-75　设定第一次抽真空时间

（14）打开高、低压阀门，按下"确认"键，开始第一次抽真空，抽真空至系统真空压力低于-90kPa，如图8-76、图8-77所示。

排出量+20mL。

图8-76 打开高、低压阀门

图8-77 抽真空界面

（15）抽真空完成后，机器自动停止真空泵工作，准备下一步进行保压，如图8-78所示。

图8-78 抽真空完成界面

（16）关闭高、低压阀门，按下"确认"键，对系统进行保压，如图8-79、图8-80所示。保压目的是对系统进行真空检漏，应注意观察高、低压表指针，指针应无回升。如有回升，说明系统有泄漏，需对系统进行检漏。

（17）保压完成后，准备下一步进行加注冷冻机油，如图8-81所示。加注前应计算冷冻机油加注量，加注量=冷冻机油

图8-79 关闭高、低压阀门

图8-80 保压界面

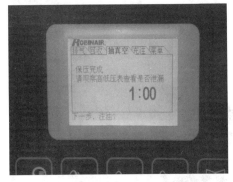

图8-81 保压完成界面

（18）按下"确认"键，进行加注冷冻机油，如图8-82所示。

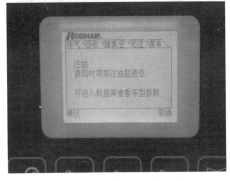

图8-82 加注冷冻机油界面

项目八 汽车空调系统的构造与维护

（19）关闭低压阀门（防止冷冻机油进入压缩机）、打开高压阀门，按下"确认"键，开始注油，如图8-83、图8-84所示。在加注过程中，必须一直观察注油瓶液面刻度，如图8-85所示。达到加注量后及时按下"确认"键，暂停加注冷冻机油，确认加注量达到要求后，按下"取消"键结束加注冷冻机油。

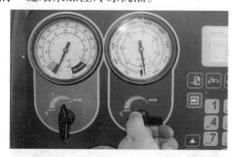

图8-83 关闭低压阀、打开高压阀

图8-84 按下"确认"键，开始注油

图8-85 观察注油瓶液面刻度

（20）按下"抽真空"键，按数字键设定抽真空时间10min，如图8-86、图8-87所示。

（21）关闭高压阀门、打开低压阀门，按"确认"键，开始第二次抽真空，如图8-88所示。抽真空结束后，按下"取消"键，返回开机界面。

图8-86 按下"抽真空"键

图8-87 设定第二次抽真空时间

图8-88 关闭高压阀门、打开低压阀门

（22）按下"充注"键，进入制冷剂充注界面，如图8-89、图8-90所示。

图8-89 按下"充注"键

图8-90 制冷剂充注界面

（23）设定制冷剂充注量，如图8-91所示。制冷剂充注量=车辆制冷剂充注量+45g。以卡罗拉车型为例，制冷剂充注量=450+45=495（g）。

图8-91 设定制冷剂充注量

（24）采用单管充注，关闭低压阀门、打开高压阀门，并关闭低压管路接头手动阀，按下"确认"键，进行制冷剂充注，如图8-92~图8-94所示。

图8-92 关闭低压阀门、打开高压阀门

（25）充注完成后，根据界面显示，关闭高压管路接头手动阀，按下"确认"键，如图8-95、图8-96所示。

图8-93 关闭低压管路接头手动阀

图8-94 制冷剂充注过程界面

图8-95 充注完成界面

图8-96 关闭高压管路接头手动阀

（26）关闭低压阀门、打开高压阀门，按下"确认"键，进入管路清理界面,如图8-97、图8-98所示。

图8-97 关闭低压阀、打开高压阀

图8-98 管路清理界面

(27)仪器对管路清理后,高、低压力表指示均在负压范围内,按下"确认"键退出,如图8-99、图8-100所示。

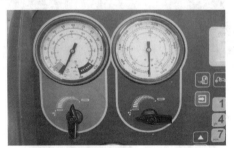

图8-99 高、低压力表指示

图8-100 管路清理完成界面

(28)取下高、低压管路接头,关闭高压阀门和电源开关,制冷剂回收、加注完成,如图8-101~图8-103所示。

图8-101 取下高、低压管路接头

图8-102 关闭高压阀门

图8-103 关闭电源开关

3 歧管压力表组的操作方法

使用歧管压力表组可进行系统抽真空和制冷剂的加注,但不能进行制冷剂的回收。但由于其价格便宜,操作方法简单,仍然是汽车维修工维修空调的常用工具。具体操作方法如下。

1)抽真空

(1)连接高、低压软管和中间软

管，如图8-104~图8-106所示。

图8-104　连接低压软管

图8-105　连接高压软管

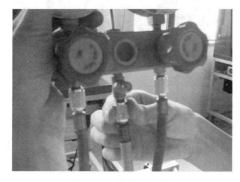

图8-106　连接中间软管

（2）连接高、低压管路接头，如图8-107、图8-108所示。

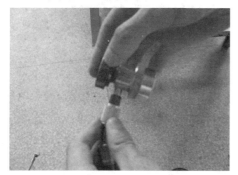

图8-107　连接低压管路接头

图8-108　连接高压管路接头

（3）取下高、低压阀帽，如图8-109、图8-110所示。

图8-109　取下高压阀帽

图8-110　取下低压阀帽

（4）将高、低压管路接头连接至高、低压注入阀，打开高、低压手动阀，如图8-111~图8-113所示。

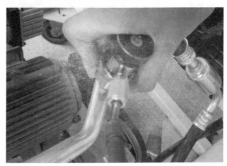

图8-111　连接低压管路接头

图8-112 连接高压管路接头

图8-113 打开高、低压手动阀

（5）将中间软管连接至真空泵进气口接头上，如图8-114所示。

图8-114 将中间软管连接至真空泵进气口接头上

（6）打开高、低压阀门和真空泵电源开关，如图8-115、图8-116所示。

图8-115 打开高、低压阀门

图8-116 打开真空泵电源开关

（7）抽真空时间应不少于15min。注意观察高、低压表指针变化情况，真空压力应低于-90kPa，如图8-117所示。

图8-117 真空压力应低于-90kPa

（8）抽真空完成后，关闭高、低压阀门和真空泵电源开关，观察高、低压表指针，指针应无回升，如有回升说明系统有泄漏，需对系统进行检漏，如图8-118所示。

图8-118 观察高、低压表指针变化情况

2）加注制冷剂

制冷剂有两种加注方法：液态加注

法和气态加注法。液态加注制冷剂时，要保持空调压缩机不工作，制冷剂从高压管路注入，低压表侧管路关闭，制冷剂罐倒置；气态加注制冷剂时，要保持空调压缩机处于工作状态，制冷剂从低压管路注入，高压表侧管路关闭，制冷剂罐正置。下面将介绍气态加注法。

（1）将制冷剂注入阀与制冷剂罐相连接，如图8-119所示。

图8-119　将制冷剂注入阀与制冷剂罐相连接

（2）将歧管压力表组中间软管与制冷剂注入阀接头相连接，如图8-120所示。

图8-120　将中间软管与制冷剂注入阀接头相连接

（3）顺时针旋转制冷剂注入阀手柄，使制冷剂罐上刺出小孔，再逆时针旋转制冷剂注入阀手柄，如图8-121所示。

（4）下歧管压力表组中间软管的排气阀，看到白色制冷剂气体外溢并听到"嘶嘶"声，排出中间软管的空气，如图8-122所示。

图8-121　旋转制冷剂注入阀手柄

图8-122　按下中间软管的排气阀

（5）开低压阀门，使制冷剂由低压侧进入制冷系统，如图8-123所示。在加注过程中应保持制冷剂罐正置，避免液态制冷剂进入低压管路，如图8-124所示。

图8-123　打开低压阀门

图8-124　保持制冷剂罐正置

（6）观察低压表数值，数值应上升，如图8-125所示。

图8-125 低压表数值应上升

（7）当制冷剂罐中制冷剂不足时，关闭低压阀门，重新换一罐制冷剂进行加注，如图8-126所示。

图8-126 关闭低压阀门

（8）当制冷系统压力达到一定值时，应打开点火开关，将空调开关接通，将鼓风机转速调至最大、将温控开关调至最冷，让制冷剂继续从低压侧进入制冷系统，直至充入量达到规定值，高、低压压力值符合标准。如图8-127~图8-130所示。

图8-127 打开点火开关

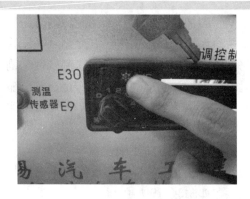

图8-128 接通空调开关

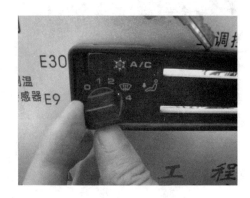

图8-129 鼓风机转速调至最大

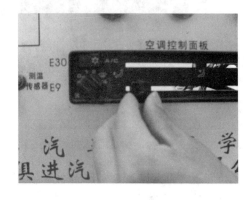

图8-130 温控开关调至最冷

（9）关闭空调系统和低压阀门，拆下歧管压力表组高、低管路接头，制冷剂加注完成。

参 考 文 献

[1] 陈才连，邓宏霞. 汽车电气设备维修实训 [M]. 北京：人民交通出版社股份有限公司，2017.

[2] 周建平. 汽车电气设备构造与维修 [M]. 北京：人民交通出版社股份有限公司，2016.

[3] 中国汽车维修行业协会. 汽车电器常见维修项目实训教材[M]. 北京：人民交通出版社，2009.

[4] 杨勇. 轿车电气设备维修 [M]. 北京：人民交通出版社，2007.

[5] 潘承炜. 汽车电气设备构造与维修 [M]. 杭州：浙江科学技术出版社，2006.